Scheingraber
DAS BAUERNJAHR

Wernher Scheingraber

DAS BAUERNJAHR

Bauernarbeit und Brauchtum in den Alpenländern

Mit 16 Farbbildern und 62 Textillustrationen

TYROLIA - VERLAG · INNSBRUCK - WIEN - MÜNCHEN

Abbildungen am Einband:

vorne: Barocke Stubenuhr (1735) mit Mariahilfbildnis nach Lucas Cranach. Tiroler Volkskunstmuseum. Foto Lessing

hinten: Bauchgurt und Hut der Meraner Männertracht. Tiroler Volkskunstmuseum. Foto Lessing

Vorsatz: Ländliche Arbeiten. Holzschnitt aus: Vergil; Straßburg 1502

Farbabbildungen (nach der Bildfolge): R. Löbl, Bad Tölz (1, 5, 8, 10, 11, 14, 15) – G. Sonnewend, Innsbruck (3, 7, 12, 16) – E. Lessing (2, 4, 9) – A. Sickert, Innsbruck (6) – Foto Engel, Hall i. T. (13)

Ein Teil der Illustrationen wurden folgenden Werken entnommen: Adolf Bartels, Der Bauer; Leipzig, 1900. Die österreichisch-ungarische Monarchie in Wort und Bild, Oberösterreich und Salzburg; Wien, 1889; Steiermark; Wien, 1890; Kärnten und Krain; Wien, 1891; Tirol und Vorarlberg; Wien, 1893. Deutsches Alpenbuch, Bd. 1; Glogau. F. J. Bronner, Von deutscher Sitt und Art; München 1908. Tyroler Kalender; Innsbruck, 1882.

ISBN 3-7022-1273-6
1977
Alle Rechte bei der Verlagsanstalt Tyrolia Gesellschaft m. b. H., Innsbruck, Exlgasse 20
Satz, Druck und Buchbinderarbeit in der Verlagsanstalt Tyrolia Gesellschaft m. b. H., Innsbruck

Inhalt

- 7 Inhalt
- 11 Holz'n und Nägelschlagen im Laßmonat
- 15 Kult und Brauch im Jänner
- 22 Bauern- und Wetterregeln im Jänner
- 23 Furch'nführn im Hornung
- 27 Kult und Brauch im Feber
- 34 Bauern- und Wetterregeln im Feber
- 35 Vom Pflügen und Säen im Lenzmonat
- 40 Kult und Brauch im März
- 44 Bauern- und Wetterregeln im März
- 45 Mistklock'n im Ostermonat
- 48 Kult und Brauch im April
- 62 Bauern- und Wetterregeln im April
- 63 Roafheiz'n im Drei-Melcher-Monat
- 66 Brauch und Kult im Mai
- 70 Bauern- und Wetterregeln im Mai
- 71 Schnoat'ln und Jät'n im Brachmonat
- 75 Kult und Brauch im Juni
- 80 Bauern- und Wetterregeln im Juni
- 81 Wiesmahd und Joggesen im Heumonat
- 86 Kult und Brauch im Juli
- 90 Bauern- und Wetterregeln im Juli
- 91 Kornschnitt und Bergheutragen im Erntemonat

95	Kult und Brauch im August
100	Bauern und Wetterregeln im August
101	Almabtrieb und Viehscheid im Einwärts
105	Kult und Brauch im September
112	Bauern- und Wetterregeln im September
113	Bergfahr'n und Laubrechen im Weinmonat
117	Kult und Brauch im Oktober
126	Bauern- und Wetterregeln im Oktober
127	Drescharbeit und Brech'ln im Wolfsmonat
131	Kult und Brauch im November
138	Bauern- und Wetterregeln im November
139	Schlachtig'n und Roasgeh'n im Christmonat
144	Kult und Brauch im Dezember
157	Bauern- und Wetterregeln im Dezember
158	Literaturangaben
159	Sachregister

Vorwort

Bauernarbeit ist ohne Anfang und Ende; Wind und Wetter, Hitze und Frost, Regen und Dürre bedingen trotz modernster Landmaschinentechnik auch heute noch Arbeit und Leben auf dem bäuerlichen Anwesen, denn der Bauer kann sich Leben nur als Arbeit denken. Alles, was auf dem Talanwesen, den Äckern und Wiesen, im Bauernwald und im Hausgartl, auf den Berghöfen, Schwaigen und Almen, im Bergwald und auf Buckelwiesen, auf Bergmähdern und Hochflächen im Laufe eines Bauernjahres zu tun ist, ist nicht etwa zufällige oder Sonderarbeit, sondern ist vielmehr schon seit Generationen und Jahrhunderten so von allen anderen im Lande getan worden. Bauernarbeit ist etwas Gemeinsames in Zeit und Raum. Die Technik erleichtert vieles, aber nicht alles.

Für den Städter ist so ein ganzes langes Jahr mehr oder weniger eine Aneinanderreihung von Monatsanfängen und Termintagen; ganz anders sieht ein Jahr im bäuerlichen Leben aus: das Bauernjahr verläuft fest eingefügt im großen Rhythmus der Jahreszeiten. Der Bauer weiß, daß jede Arbeit ihre eigene Zeit hat und darauf eine notwendige Pause des Wartens und Wachsens folgen muß. Wachsen und Reifen kann er nur geringfügig beschleunigen, keineswegs erzwingen, er muß warten. Die Menschen in den Städten wollen alles errennen, der Bauer erwartet alles, und darin liegt auch ein Teil des Geheimnisses der bäuerlichen Kraft und Ausdauer. Ein hastiges Arbeiten ist unbäuerlich und könnte auch nie durchgehalten werden. Bei der Bauernarbeit ist immer der ganze Mensch beteiligt; denn nur mit Handarbeit und Verstand kann etwas Ordentliches geleistet werden. Das Bauernjahr ist angefüllt mit Arbeit, die hauptsächlich an Lebendigem und Gewachsenem in der Natur immer als ein Ganzes getan werden muß. Das Wachsen des Getreides erlebt der Bauer vom Pflügen bis zum Ernteschnitt mit; die Viehzucht ist auch ein Ganzes, ebenso die vereinzelt noch bestehende Wollverarbeitung und Leinenherstellung aus selbstgebautem Flachs. Vielerlei Einzelarbeiten fügen sich zu einem Ganzen und die kleinste Teilarbeit ist sinnvoll und notwendig. Zur Bauernarbeit gehören viele Arbeitsgeräte, die äußerst sorgfältig hergestellt sind und handwerkliches Können und einen angeborenen bäuerlichen Hausverstand erkennen lassen. Trotz allem Schweren – beim Bergbauern muß man auch noch die Gefährlichkeit bei vielen Höhenarbeiten bedenken – empfindet der Bauer die Arbeit nie als drückende Last. Selten sieht man einen, der verdrossen herumwerkelt, wenn es auch manchmal über seine Kräfte zu gehen droht. Wie oft können wir es erleben, daß von einer Bergmahd herab ein Juchezer herunterklingt, und manche scherzhafte Anrede von der Arbeit weg erreicht einen Vorübergehenden. Bei manchen Arbeiten gehen Neckereien hin und her, und verschiedenerlei kleine Bräuche sorgen für Auflockerung der Gemeinschaftsarbeiten zwischen Aussaat und Ernte. Aus der Arbeit heraus entstehen aber auch kleine bescheidene Feste.

Der Bauer führt den Hof, die Bäuerin das Haus. Der Bauer kann nur schaffen, wenn er hinter sich das Anwesen in Ordnung weiß. Die Bäuerin muß ein schweres, oft allzu schweres Tagwerk zwischen Küche und Kinderstube, Kammer und Hausgartl und oft auch noch im Stall jahraus, jahrein vollbringen. Der Hof schließt auch alle in unserer Zeit so rar gewordenen Dienstboten, die „Ehhalt'n", mit ein; meist unauffällig verrichten diese treuen Knechte und Mägde, Almhalter und Schwoagerinnen ihre harte Arbeit in Pflichtbewußtsein und Treue zum Hof. Es gibt sie auch heute noch, in einer Zeit, in der niemand mehr „dienen" will, diese meist schon älteren und alten „Ehhalt'n", die im wahrsten Sinn des Wortes der Bauernehe ein Halt sind. Man möge bedenken, wieviel Bauernarbeit zwischen Aussaat und Ernte von den ländlichen Dienstleuten früher erledigt wurde und gebietsweise heute noch wird. Wenn in diesem Büchlein die teils noch altartige und vor allem überwiegend händisch betriebene Bauernarbeit im Jahrlauf aufgezeigt wird, soll auch das Tagwerk der vielen fleißigen, treuen und ungenannten bäuerlichen Dienstboten gewürdigt werden.

Aussaat und Ernte – diese zwei Worte umschließen das ganze bäuerliche Arbeitsjahr. Aus Bauernarbeit und Bauernfrömmigkeit entstand aber auch eine Fülle an alpenländischem Brauchtum, das sich von Heiligdreikönig bis Stephani um Arbeitstage und Feierstunden rankt. Auch davon soll in vorliegendem Büchlein ausführlich berichtet werden.

Wernher Scheingraber

Holz'n und Nägelschlagen im Laßmonat

Die alte Benennung „Laßmonat" für den Monat Jänner hat ihren Ursprung in der Volksmedizin, da seit ältesten Zeiten der erste Monat des Jahres als besonders günstige Zeit zum Aderlassen angesehen wurde (Laß, Laß'n = Aderlaß). Hie und da wird der Jänner auch als „der Hartung" bezeichnet.

Die Bauern in den Alpenländern sagen: „In' Winta müaß'n die Weibaleut' a Wickele Werch eß'n und die Mannderleut' a Bachscheit verschlick'n." Damit sollen in bildhafter Ausdrucksweise die bäuerlichen Hauptarbeiten im Jänner zum Ausdruck gebracht werden: das Spinnen und Holzziehen oder „Holzmach'n". Beides beginnt meist nach Weihnachten und dauert, von anderen Arbeiten unterbrochen, bis in den März hinein an. Mit dem Spinnen allerdings wurde mancherorts schon im November begonnen. In jedem Fall bezeichnet eine Bauernregel den Gertraudstag als Endfrist: „Sankt Gertraud mit der Maus, treibt die Spinnerinnen aus." Bis zu den Fasnachtstagen soll ein „Gang voll g'spunna sein", das heißt, es soll der Gang des Hauses „voll mit g'waschne Ströhn sein". Das Garn wurde früher gewöhnlich am Fasnachtsamstag gewaschen. Diese Regeln sind nun freilich nur noch weitgehend Erinnerung an eine Zeit, in der viel mehr gesponnen wurde und, da es keinen Mangel an Dienstmägden gab, auch mehr gesponnen werden konnte. Alte Bäuerinnen erzählen noch gern von jener Zeit, als die „Menscher" am späten Abend bei Spanlicht vor den surrenden Spinnrädern saßen und die Knechte Besen banden oder Späne kloben. Das Spinnen der „Reist'n" war vor allem Sache der Bäuerin, das Werg spannen die Dirnen.

Eine nicht ungefährliche Arbeit ist die Holzeinbringung aus den winterlichen

Bergwäldern. Zum „Holzziach'n" werden die kurzen Halbschlitten hergenommen, bei denen die vorderen Enden der Stämme auf dem Sattel des Schlittens aufliegen und mit Ketten befestigt sind, während die hinteren Stammenden am Boden nachschleifen. Beim zweiteiligen Doppelschlitten liegen die Stämme ganz auf. Meist sind es sogenannte Hörnerschlitten, die zum Bremsen mit „Sperrtatz'n" ausgestattet sind. Diese Stahlklauen greifen beim Anziehen der Tatzenstiele beiderseits der Schlittenkufen in den Boden ein. Als Notbremse dienen Sperrketten, die an den Hörnern hängen und durch schnellen Griff während der Talfahrt gelöst werden können; sie gleiten den Kufen entlang zu Boden und bringen bei Gefahr das schwerbeladene Holzgefährt rasch zum Stehen.

Das „Holz'n" beginnt, nachdem das mangelhafte, das „tadelige" Holz, das man im Bergwald im Auswarts (Frühjahr) oder beim Baumschneiden im letzten Winter herausgehackt hatte, über den Schnee zum Weg hinabgezogen und von dort kleinweis zum Haus geführt worden ist. Dort wird nun auf dem Holzplatz oder in der Holzhütte Baum für Baum auf zwei Holzschragen aufgelegt und zu einzelnen Prügeln geschnitten. Jeder Prügel wird zu sechs bis zehn „Musln" gekloben, die dann ebenfalls zerkleinert werden. Jede Gattung wird besonders zusammengeworfen: das lange lärchene Backholz, das kürzere Kachelofenholz und das geklobene „Herdholz". Zwei oder drei Seiten des Hauses werden gewöhnlich „ang'-holzt", das heißt, das Holz wird aufgeschichtet, wobei die Fenster ausgespart werden und man sehr darauf achtet, daß die Lagen gut gelingen und alle Scheiter in einer Flucht liegen und „koan Bauch mach'n", also keine Ausbuchtung bilden. Die „Hack- und Holzschoat'n" kommen auf die untere Laub'n (Söller, Balkon oder Veranda) und werden von dort nach Bedarf in Stube und Küche getragen. Vor Einführung der Industriezäune gab man schönes feichternes Holz (Fichtenholz) und nicht zu zähes larchernes (Lärchenholz) zur Seite, um es bei Gelegenheit zu „Spelt'n" und zu „Steck'n" für die Speltenzäune zu klieben.

Früher suchte man auch die „Spanscheiter" heraus, von denen man dann mit dem Spanhobel, den zwei bis vier Männer führen mußten, Leuchtspäne verfertigte. Auch das Holzumhacken fällt in den Winter; nach einer alten bäuerlichen Erfahrungsregel darf Bauholz nur im Dezember, Jänner oder Feber bereitet werden, wenn es nicht zusammenschwinden oder „schrick'n" soll. Zur Holzarbeit werden viele Geräte verwendet; neben Rechenstielhobel, Rund- oder Stabhobel benötigt man „Grundhobel" zum Nutenaushobeln, ferner ein „Rendl" (Kreisel), die älteste Form des Pumpenbohrers, eine sogenannte „Hoanzlbank" (ein altartiges Gerät zum Schnitzeln), die aus den Teilen Kopf, Tritt und Stuhl besteht, und allerlei Spanhobel und Spaneisen.

Liegt im Jänner genug Schnee auf den Feldern, wird die Holzarbeit unterbrochen, und es geht an's „Mistführ'n" und „Mistbroat'n". Früher war es so,

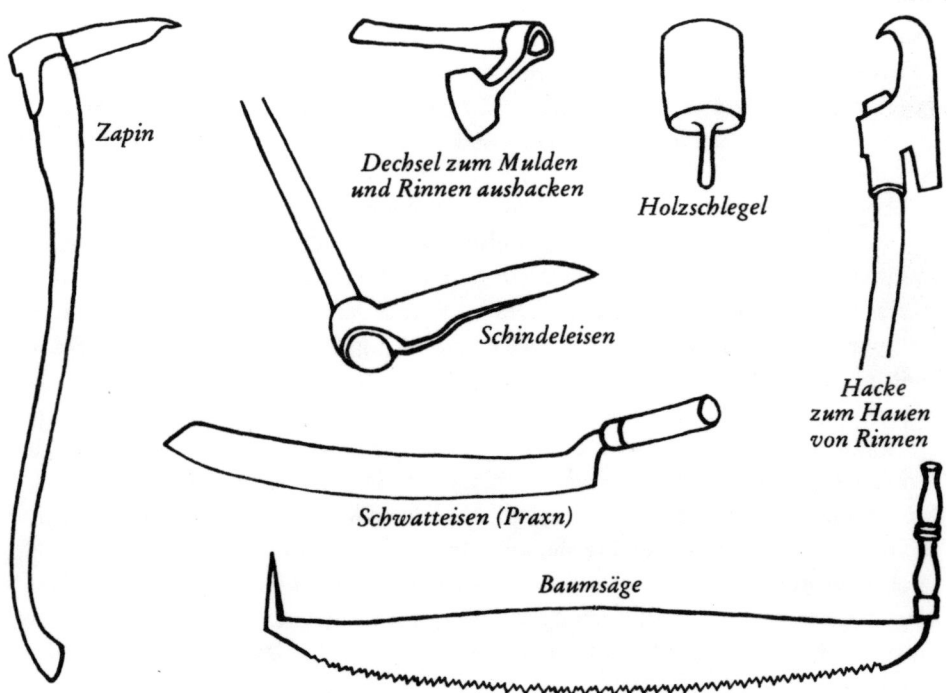

daß der Oberknecht im Stall stand und den Mist herauswarf, mehrere Knechte fuhren mit der Mistkratt'n auf die Felder, und der Bauer war mit „Misthauf'n mach'n" beschäftigt. Zum Mistführen soll man auch heute noch jeden geeigneten Tag im Jänner ausnützen; mitunter wird schon vor Weihnachten damit begonnen, doch im Feber soll man keinen Mist auf die Felder führen; denn: „'s is g'scheiter, man führt ihn auf an Stoahauf'n, als auf'n Acker, vo' selm (von selbst) wachst lei Unkraut", so behaupten alte erfahrene Bauern.

Wenn es draußen stürmt und schneit, trifft man Bauer oder Knecht häufig in der „Machlkammer" oder Gerätehütte beim „machln" oder werkeln an. Da wird gebrochenes Werkzeug gerichtet und ausgebessert, und die Knechte mußten früher an solchen Tagen, wenn es in der Scheune keine Arbeit gab, auf der Hoanzlbank Holznägel anfertigen: die „Kopfnägel" zum Dachflicken, die „Tucknägel" ohne Kopf zum Neudecken und die sogenannten „Verschlachtnagelen" mit kleinen Köpfen zum Verschlagen von Planken bei Haus und Stadel. In der Scheune vereinte alle zwischendurch das Futter- und Häckselschneiden.

Ehe noch der Auswärts und damit der Anbau kommt, trachtet man auch das Zaunholz zu richten. Beim „Zaunholzkliab'n" werden im Wald schwächere Fichtenstämme in „Spelt'n" mit dreieckigem Querschnitt und das Holz großer Lärchen in „Steck'n" gekloben; jene werden dann neben nicht gespaltenen Bäumerln als waagrechte Zaunstangen beim Ringzaun oder als schiefe „Schußspelt'n" bei der anderen altartigen Zaunform, dem Kreuzzaun, verwendet. Die „Steck'n" muß man spitzen und mit dem „Roafmesser" ausschneiden, damit sie glatt werden, ehe man sie dann bei Ringzäunen fast senkrecht, bei den Kreuzzäunen schief in den Boden schlägt. Leider verschwinden die vielen und kunstvollen Zaunformen, die ausschließlich ein Werk des Bauern sind, immer mehr und werden durch nüchterne, industrielle Zäunung ersetzt.

„Da Winter ziagt sein' Schwoaf weit aussi in April, diamal auch noch in Mai." Damit stellt der Bauer bildhaft fest, daß der Frühling ehestens in der zweiten Aprilhälfte beginnt. Und somit bleibt noch viel Zeit für Winterarbeiten in Haus und Hof.

Kult und Brauch im Jänner

Die Silvesternacht ist im Volksglauben eine Geisterzeit; das kleinste Ereignis und eine sonst völlig unwichtige Handlung werden in der Stunde des Übergangs vom alten zum neuen Jahr auf einmal bedeutungsvoll. Um Mitternacht wird der Glückszauber oder das Losbefragen, das „Löss'ln", in vielerlei Form betrieben. Allgemein beliebt ist das „Zukunft erkunden" mit Ausgießen von Blei. Auch wird das alte Jahr ausgeläutet oder abgedankt, alle am Tisch trinken aus einem Glas, um das Unglück zu bannen, oder man rüttelt die Obstbäume, um durch Herabfallen von Schnee, altem Laub oder abgebrochenen Zweigen jeweils die Zukunft zu erfragen. Der Bauer im Gebirge und Voralpenland begeht Silvester als wichtigen Jahreseinschnitt anders als der Städter: das neue Jahr wird mit innerer Sammlung und Besinnung und einem behaglichen Daheimsein erwartet. Zum Jahrbeginn wird der neue Volks- oder Bauernkalender aus der Tischlade hervorgekramt. Bei der ländlichen Bevölkerung hieß der Hauskalender häufig „Pratti"; war er doch früher in der „Praktik" die Summe aller Lebensweisheit mit den wichtigsten ökonomischen, astrologischen und wetterkundlichen Regeln, mit all den vielen praktischen Ratschlägen für ein ganzes bäuerliches Jahr. Wir können heutigentags gar nicht mehr ermessen, welch große Bedeutung der Hauskalender im Volksleben gehabt hat. Ein berühmtes Beispiel für einen echten Volkskalender ist der einstige „Manndlkalender" für des Lesens Unkundige, der eine ungeahnte Verbreitung in den Alpenländern hatte. Weiters gab es noch den „Hellpolierten Wetterspiegel", der für jeden Monat einen sechszeiligen gereimten Spruch enthielt, von dem jedes Wort einen bestimmten Tag im Monat bezeichnete. Nebenbei bemerkt war es ein langer Weg der Entwicklung, der vom Runenkalender aus Holz bis zum heutigen Buchkalender führt.

Wie groß der Aberglaube zu Neujahr war und gebietsweise heute noch ist, mögen ein paar Beispiele verdeutlichen: zum 1. Jänner müsse das ganze Haus gereinigt sein, sonst käme es im ganzen Jahr nicht mehr in Ordnung. Wer zu Neujahr einen Schweinsrüssel ißt, wird das ganze Jahr glücklich sein. Wer am

Neujahrstag niest, wird lang leben. Was einem am Neujahrs-Vormittag begegnet, wird man im Laufe des Jahres erleben. Alle Wäschestücke müssen zu Neujahr von der Leine abgenommen werden, sonst könnte sich im neuen Jahr alles verwickeln und ungünstig gestalten. Weitverbreitet ist auch der Aberglaube, daß fremder Besuch während des Mittagessens am 1. Jänner Unglück bringe; daher empfiehlt es sich, die Neujahrsglückwünsche vielleicht erst zur Jausenzeit oder Marende am Nachmittag vorzubringen!

Ein eigenartiger oberdeutscher Brauch, der seinem Wesen nach zu den Abwehrumzügen der Weihnachtszeit zu zählen ist, begegnet uns im „Glöckeln" am Vorabend des Dreikönigstages im Salzburgischen und im Salzkammergut. Weil das Schellenläuten und Glockenschellen zu den Glöcklern und ihrem Lauf gehören, wird die Benennung „Glöckler" von Glocke abgeleitet; tatsächlich ist diese Bezeichnung aber auf das althochdeutsche „klockon", mittelhochdeutsch „klocken" zurückzuführen. Damit ist Anpochen oder Klopfen gemeint. Dies wird im kärntnerischen „Anklöckeln" deutlich. Der Glöcklerbrauch fällt auf die letzte Rauhnacht und berührt somit zeitlich das Sternsingen, von dem er allerdings zu unterscheiden ist. Beim Glöcklerlauf werden Kreise, Achter und Spiralen gelaufen; mit Stöcken wird an Türen und Fensterläden geklopft. Die Kleidung der Glöckler ist weiß; am Gürtelriemen ist am Rücken eine Glocke befestigt, die durch die Laufbewegungen zu klingen beginnt. Von den Läufern werden sogenannte „Glöcklerkappen", die von innen erleuchtet werden und oft zweieinhalb Meter lang und einen Meter hoch sind, getragen. Bei den älteren Lichtkappen hatte man „Türl", durch welche die Kerzen entzündet wurden. Die so erleuchteten Motive auf den Kappen zeigen symbolische Zeichen und charakteristische Ortsmotive (Salzburg-Stadt und -Land, St. Gilgen, Ebensee, Gmunden am Traunsee und anderenorts).

Am 6. Jänner, dem Tag der Hl. Drei Könige oder Epiphaniasfest, ist es altüberlieferter Brauch, mit geweihter Kreide oben an die Türen in Haus, Stall und Tenne die Anfangsbuchstaben der Hl. Drei Könige Caspar, Melchior und Balthasar zu schreiben und die jeweilige Jahreszahl hinzuzufügen. Im Volksglauben herrscht die Meinung, es handle sich dabei um die Anfangsbuchstaben

Sternsinger

der biblischen, morgenländischen Weisen. Die Volkskunde schreibt diesen Buchstaben aber eine ihrem Sinn entsprechende Erklärung zu und deutet sie als die Anfangsbuchstaben des altchristlichen Segensspruches: „Christus Mansionem Benedicat", das zu deutsch heißt: Christus segne das Heim. Zu Dreikönig wird nach altem Herkommen in Haus, Stall und Tenne ausgeräuchert, um dadurch allem Unheil und jeglicher Krankheit bei Mensch und Vieh vorzubeugen. Kreide, Weihrauch und Salz werden zu Dreikönig geweiht. Die Legende und zugleich Geschichte der Heiligen Drei Könige dürfte nicht allgemein bekannt sein: Die Reiche dieser drei morgenländischen Weisen und Herrscher lagen nahe beieinander, doch trennte ein Gebirgszug ihre Ländereien, so daß sie voneinander nichts wußten. Alle drei waren gelehrte Männer, die sich mit Astrologie und Astronomie befaßten. Es war ihnen bekannt, daß einstmals ein seltener Stern erscheinen würde, der die Geburt des Welterlösers anzeigen sollte. Als nun eines Tages dieser Stern sichtbar wurde, machten sie sich trotz ihres Alters und voneinander unabhängig auf die Reise, um gemeinsam die Geburtsstätte Jesu zu suchen. Nach zwölf Tagen (Weihnacht bis Dreikönig = 12 Tage) erreichten sie die Stadt Jerusalem. Allgemein bekannt ist nun die Begegnung mit Herodes, doch weniger bekannt dürften die Lebensschicksale der drei Könige sein. Nach dem Tode Jesu kam der Apostel Thomas in das Land jener drei Könige, die nach ihrer Bethlehemreise ihre Reiche zu einem einzigen vereint hatten, und sah im Tempel des Landes einen Gedenkstein, worauf ein Stern mit einem Kind und einem Kreuz darüber dargestellt war. Mit großer Freude sah dies Thomas und begann, die Heilsbotschaft zu verkünden. Die drei Könige eilten voll Freude dem Apostel entgegen und wurden vor seiner Abreise von ihm zu Bischöfen geweiht. Nach ihrem Tode, der sie während einer Abendmahlsfeier gemeinsam ereilte, wurden sie zusammen in einer Gruft beigesetzt. Später wurden sie nach Konstantinopel, dann nach Mailand überführt. Kaiser Friedrich Barbarossa nahm 1163 die Reliquien an sich und ließ sie feierlich nach Köln überführen. Dort sind sie seither in einem kostbaren Reliquienschrein aufbewahrt.

In Dörfern und Märkten ziehen die Sternsinger als Heilige Drei Könige verkleidet von Haus zu Haus, sagen ihre Verse und singen altüberlieferte Dreikönigslieder: „Dö Heiling Drei Kini mit ihrigem Stearn, dia woll'n mir besinga, ös Frauen und Hearn. Ihr Stearn gab allen den Scheine, ein neues Jahr geaht uns hereine." Wenn es dunkel geworden ist, ziehen Burschen von einem Hof zum anderen, singen ihre Volksweisen und erbitten eine Gabe. Das ist das überlieferte Drei-König-Ansingen. Dieses Umsingen am 5. oder 6. Jänner bildet den Abschluß der Klöpfelnächte (die Donnerstage im Dezember). Die Umzüge der Sternsinger sind Reste mittelalterlicher Dreikönigsspiele, die in Kirchen und Klöstern aufgeführt wurden; dazu gehören auch die meisten uns überlieferten alpenländischen Dreikönigs- und Neujahrslieder. Diese Spiele mit Gesang kamen dem Volksempfinden entgegen und verbreiteten sich sehr rasch. Drei-

Spinnerin aus Mittenwald

könig ist auch der Gedenktag der Taufe Christi und der Hochzeit zu Kanaan; deshalb steht das Weihwasser, das zum Dreikönigstag geweiht wird, als „Dreikönigswasser" hoch in Ehren. Ähnlich ist es mit dem Weihrauch, dem „Dreikönigsrauch", und dem geweihten „Dreikönigssalz", das zum Schutz gegen Krankheiten dienen soll. Im bäuerlichen Jahrlauf ist das Dreikönigsfest das „große Neujahr", von dem ein Volksspruch besagt: Auf Weihnacht' um an Hahnatritt, auf Neujahr um an Mannderschritt, auf Heilig Drei König an Hirschensprung, auf Liachtmeß um a ganze Stund'. Damit ist der allmählich länger werdende Tag gemeint, und das mit Recht; denn an Dreikönig ist zum erstenmal ein sichtliches Anwachsen des Tages zu bemerken. In der Nacht auf den Dreikönigstag soll man fett essen und ja nicht übersehen, den Geistern etwas vom Essen übrig zu lassen. In Tirol ißt man schmalzige Nock'n. In der Steiermark wurde der Wind gefüttert, man legte ihm Nudeln auf das Hausdach.

Bis zum ausgehenden 19. Jahrhundert wurden am Tag des heiligen Eberhard oder Erhard, des Pest- und Viehpatrons, dem Vieh sogenannte „Erhardszelt'n",

Gebildbrote in Lebkuchenform, unter das Futter gegeben, um damit Viehkrankheiten zu vertreiben. Der Erhardstag ist am 8. Jänner. Bevor sich im Bauernjahr die Sitte des Dienstbotenwechsels zu Lichtmeß eingebürgert hatte, war der Ein- und Ausstehtag der „Ehhalt'n", der Knechte und Mägde, am 9. Jänner. Altem Volksglauben zufolge soll man an diesem Tag keinen Stall ausmisten, um die Annäherungsgrenze gegen schädliche Mächte nicht durch eine geöffnete Stalltüre zu verletzen.

Der 11. Jänner ist ein „Verworfener Tag", beim Bauernvolk bekannt und teilweise gefürchtet. Die verworfenen Tage, die für jeden Monat des Jahres genau feststehen, lassen sich bis auf die „ägyptischen Tage" der Römer zurückverfolgen. Die Nachtage der römischen Kalenden, Nonen und Iden galten als Unglückstage oder schwarze Tage. Vom Kirchenvater Augustinus wurde der Glaube an die verworfenen Tage heftig bekämpft; im Mittelalter entstanden sogar Merkverse für diese monatlichen Unglückstage.

In Volksglaube und Volksmedizin zählte der Jänner zu den günstigen Aderlaßzeiten; das Ansetzen von Schröpfköpfen oder späterhin von Blutegeln zu Heilzwecken ist seit ältesten Zeiten bei vielen Völkern üblich gewesen. Unter „Schröpfen" versteht man eine in der Volksmedizin häufig angewandte Heilmethode, bei der mittels erwärmter Glasglocken, den sogenannten „Schröpfköpfen", eine Mehrdurchblutung der Haut erzielt wird.

Am 17. Jänner, dem Namenstag des heiligen Antonius des Einsiedlers, wurden nicht nur dem Heiligen selbst, sondern auch seinem Attribut, dem Schwein, Opfer dargebracht. Meist wird Antonius mit einem Schwein abgebildet; der Zusammenhang begründet sich in den Vorstellungen der kirchlichen Dämonenlehre vergangener Jahrhunderte. Antonius wurde zum Patron der Schweinehirten und Fleischhauer. Der Tiroler Volkswitz sagt, daß am Antoniustag nicht nur dem Heiligen, sondern auch seinem Fack mit „Antoniusbrot", einem für diesen Tag gesondert gebackenem Gebildbrot (Kultgebäck), geopfert wird. Dem Schwein wegen heißt Antonius im Volksmund „Fack'n-Toni"; er soll die Antonius-Plag' und das Antonifeuer, Krankheitsabarten der schmerzhaften Gürtelrose, vertreiben können.

Der 20. Jänner ist den Heiligen Sebastian und Fabian geweiht. Sebastian wurde unter Kaiser Diocletian durch Pfeile getötet; er wurde zum Schutzpatron der Büchsenmacher und Schützen und zum Pestpatron. Kleine Pestpfeile wurden ähnlich den Wolfgangi-Hack'ln als Amulett um den Hals getragen. An diesem Tag fanden vielerorts Prozessionen zu Pestkapellen, Pestkreuzen und -säulen statt. Eine eigene „Bastiangegend" ist das Burgenland, das sehr viele Sebastianssäulen besitzt. In unserer Zeit ist der Sebastianstag ein abgeschaffter Feiertag; daran ändert auch das Zusammentreffen mit dem Tag des heiligen Fabian, mit dem Sebastian den Tag des Martyriums teilt, nichts. Da zu diesem Zeitpunkt die Säfte schon in den Bäumen zu steigen beginnen, gilt in vielen bäuerlichen Landschaften der Alpenländer der alte Rechtssatz, daß nach dem Fabianstag kein Holz mehr geschlagen werden darf. Übrigens zählt man Fabian zu den sogenannten „Plagheiligen"; denn die volkstümliche Bezeichnung „Fabiansplage" bedeutet nichts anderes als Hunger.

Am 21. Jänner, dem Tag der heiligen Agnes, die im Jahre 304 nach Chr. im Alter von 13 Jahren gemartert wurde und als Patronin der Jungfräulichkeit und der Kinder gilt, geht im Volksglauben der Schwoagerinnen (Sennerinnen) und Hirten der „Alperer", ein riesiger Almgeist, zum letztenmal um. Am Agnestag sollen die Bienen erstmals ihren Stock verlassen und die ersten Lerchen sollen bereits vernehmbar sein und altem Volksglauben nach die letzten verspäteten Neujahrswünsche in die Lüfte jubilieren. Noch im 19. Jahrhundert wurden den Kindern kleine Agnes-Wachsscheiben als Amulett gegen Verzauberung und bösen Blick umgehängt.

Nach alten volksmäßigen Überlieferungen ist der 22. Jänner ein „Schwendtag". Diese Bezeichnung führt noch in die Frühzeit der Kolonisation und Landnahme zurück, als man mittels verschiedener Rodungsarten, wie Reuten, Bränden und Schwenden, das gewonnene Land für Besiedelung, Ackerbau und Weide kultivieren mußte. Wer nun beispielsweise an einem Schwendtag im Jungholz schlechtes Baumwerk „abschwendet", wird des Erfolges sicher sein können. Auf den Organismus von Menschen, Tieren und Pflanzen haben die Schwendtage großen Einfluß; diese sehr alte Erfahrungstatsache wird in unseren

Tagen viel zu wenig gewürdigt und beachtet. Erfahrene Bauern und auch Tierärzte wissen aber gar wohl um die Einflüsse solcher Schwendtage.

Mit dem 25. Jänner, dem Tag Pauli Bekehrung, ist dem Volksglauben zufolge die Mitte des Winters erreicht. Noch bis vor wenigen Dezennien begann am 26. Jänner auf dem Land der Dienstbotenwechsel, allgemein „Schlenkelweil" genannt. Das Wort Schlenkel bedeutet den aus dem Dienst des Bauern austretenden männlichen oder weiblichen Dienstboten, allgemein „Ehhalt'n" genannt. Wir kennen ja auch das Wort „Schlankl" oder kärntnerisch „Schlankele", das soviel wie ein kleiner Herumtreiber bedeutet.

Am 28. Jänner, dem Tag Karls des Großen, dessen christliches Reich die Einheit des Abendlandes verkörperte, sei an die Sage erinnert, derzufolge die Eberwurz, fortan „Karlswurzel" benannt, dem Kaiser von einem Engel als Heilmittel gegen die in seinem Reich wütende Pest gezeigt worden sein soll. Wir kennen das „Karls-Kirchenharz" oder Weihrauch genannt, im Gegensatz zum heidnischen Waldrauch, einem Coniferenharz.

Bauern- und Wetterregeln im Jänner

Wie Neujahr, so der August / Ist das Neujahr schön und klar, deutet's auf ein fruchtbar' Jahr / Wie das Wetter zu Makarius (2. Jänner) war, so wird's im September, trüb und klar / Ist der Jänner hell und weiß, wird der Sommer sicher heiß / Heilig Drei König sonnig und still, der Winter vor Ostern nicht weichen will / Erhard mit der Hack, steckt die Weihnachtstäg' in Sack (8. Jänner) / Jänner warm, daß Gott erbarm! / Wann der Frost im Jänner nicht kommen will, kommt er sicher im April / Sankt Sebastian (20. Jänner) schneid' den letzt'n Zelt'n an / An Fabian und Sebastian muß der Saft in die Bäume gahn / Pauli Bekehr (25. Jänner), der halbe Winter hin, der halbe her / Soll das Holz nit faulen, so schlag' es am Tag nach Pauli Bekehr / Wieviel Regentropfen im Jänner, so viel Schneeflocken im Mai / Segn't ma' dö Kirzn (Kerzen) im Schnea, weicht (weiht) ma' dö Palm (Palmboschen) im Klea.

Furch'nführn im Hornung

Im Feber oder Februar, auch Hornung (= Kleines Horn) genannt, wird im bäuerlichen Arbeitsablauf bereits mit den Vorbereitungen für den Feldanbau, für das „Bauen" begonnen. Zuerst einmal werden die „Erdhäuf'n zerrecht"; die zahlreichen Schermaushäufen (Maulwurf) auf den Feldern und Äckern werden auseinander gerecht, damit die Maulwürfe nicht mehr so viel wühlen. Bei den Äckern in Hanglange, die bei den Bergbauern ja recht zahlreich sind, ist die erste Arbeit das „Furch'nführn", das Hinaufschaffen des untersten, im Vorjahr vom Pflug gewendeten Erdstreifens, an den Beginn des Ackers. Diese Arbeit ist wichtig, wenn nicht im Lauf der Jahre die gesamte Ackererde den Hang hinabrutschen und sich unten ansammeln soll. Bevor die moderne Landwirtschaft Transportaufzüge und Seilwinden kannte, mußte am unteren Ende des Ackers ein Knecht mit einer vierzinkigen Gabel die mit der „Hackhaue" angehackte Furchenerde herausstechen; ein anderer nimmt sie mit der Schaufel auf und lädt sie auf einen kleinen „Erdkratt'n", einen Wagen, den bei nicht zu steiler Hanglage ein Zugtier zum oberen Ackerende hinaufzieht. Dort werden die Erde oder einzelne Rasenstücke auf dem nie gepflügten Streifen über dem Acker zum Füllen der letzten Furche bereitgestellt. Häufig ist man aber zum Aufseilen genötigt. „Z'öberst an Ackr" wird der Seilbock aufgestellt und mit eisernen Stangen und Ketten im Boden verankert. Am Seilbock hängt vorne die hölzerne, schwere Seiltasche, in deren Rinnen das Seil läuft. Das eine Seilende wird vorne an einem Wägelchen befestigt, das andere mit einem Pferd verbunden, das, schief abwärts geführt, das Seilwagerl hinaufzieht. Damit es leichter zum Umkippen ist, hat man es nur mit drei Rädern gebaut. Ein Knecht leitet das beladene Erdwagerl dorthin, wo die Erde gebraucht wird, und läßt es nach dem Entleeren und Umstürzen wieder hinab. Auf die gleiche Art wird auch der sehr notwendige Mist auf die Höhen geschafft. Von dem langsam fahrenden Wagerl muß eine Dirn kleine Schaufeln voll Mist „aussakrall'n" und auf dem Acker verteilen. Es kann aber auch umgekehrt notwendig sein, daß der Dung auf die Äcker hinabgebracht werden muß; da tritt dann die sogenannte „Misthatsch'n" in Aktion. Zwei oder drei Bretter sind durch Querstangen unterhalb zusammengehalten und in zwei Kufen durch Holznägel verkeilt. Vorne in der Mitte sind ein größeres und ein kleineres Loch, durch die ein Strick gezogen wird, der auch durch ein Loch der Leit- oder Zugstange geht. Diese Zugstange, die nach allen Richtungen hin beweglich ist, hat vorne ein Querholz zum Anfassen, ähnlich wie bei einem Leiterwagen. An dieser Stange wird die Misthatsch'n gezogen. Nun geht es damit hangabwärts. Man kann auf dieses altartige Gerät ebensoviel aufladen, wie auf das bereits erwähnte Wägelchen. Auf besonders steilen Stellen bremst man mit der Stange. Wenn der Mist abgeleert ist, steckt man die Stange durch das größere der beiden Löcher, nimmt das Gefährt auf die Schulter und trägt es so den Hang hinauf. Die Misthatsch'n zieht ein Knecht; der Dung wird wie von der Mistkratt'n mit der Schüttgabel herabgekratzt und auf dem Acker so lange ausgebreitet, bis dieser vollständig „angemistet" ist.

Bis Anfang der achtziger Jahre kannte man in den Ostalpen zum Pflügen nur die Arl. Landschaftlich verschieden hatte die Arl ein bogenförmiges Schneidmesser, das zugleich als Streichbrett und Secheisen diente, oder ein Umsteckbrett, womit die Erde, die mit einem besonders gezogenen Schneidmesser vorgeschnitten worden ist, ziemlich sauber umgelegt wird. Das Sech, das Reißmesser oder „Reißeis'n", war ein völlig selbständiges Gerät. Das Reißeis'n bestand nur aus einem Baum, in dem hinten zwei Handhaben befestigt waren und vorher das messerartige Reißeis'n eingekeilt wurde. Der Baum war so lang, daß man vorne die Zugtiere wie in eine Deichsel einspannen konnte. Das Gespann mit dem Reißmesser ging dem Arl-Gespann voraus; heute wird das Reißmesser nur mehr ganz selten zum Anreißen der ersten Furche gebraucht.

Erdaufbringen im Pustertal (Erdgratteln)

Die Zugtiere wurden von einem Burschen geführt, während der Anreißer hinten das heikle „Anreiß'n" besorgte. Die Arl gab es in zwei Arten: die eine Ausführung war nur mit „Arlfeder" (das Brett, das sich, vorne mit der Pflugschar versehen, nach hinten und oben in zwei auseinander gehende Arme gabelt) ausgestattet und diente zum Ackern auf Hängen. Die andere Art hatte ein versetzbares „Sturzbrett", das man auf ebenerem Gelände zur Feldbestellung brauchte. Die Arl in beiderlei Form war bis auf die Beschläge der Federn und sonstigen Eisenteile von den Bauern selbst aus Birkenholz angefertigt worden. In der Arlsohle steckte, wo sich die Federn gabelten, der fast senkrechte, durchlöcherte

„Stürzl" mit einer ungefähr waagrechten Hebstange zum Höher- oder Tieferstellen des Arling. Hinten ragte der in einen Kopf auslaufende Handgriff empor; dort wurde angegriffen, wenn die Arl beim Ackerende herumgehoben werden mußte. Das Reißeisen riß die Furche an, der Arling schnitt unten heraus und die Federn mußten die Ackerbank „überstürz'n". Noch heute behaupten alte Bauern, daß man mit der Arl bessere Äcker gemacht habe; denn beim Anbauen mit der Arl bricht das Erdreich immer ab, der Pflug hingegen legt alles nieder.

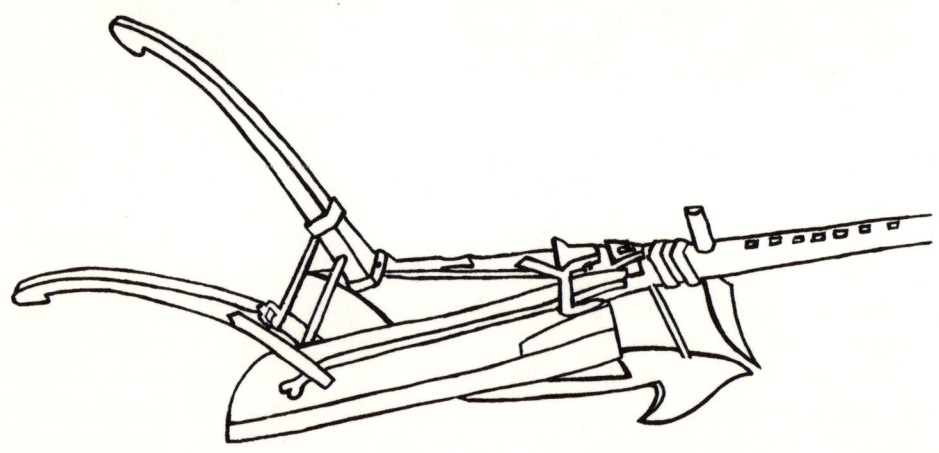

Pflug

Kult und Brauch im Feber

Der Monat Februar leitet seinen Namen vom lateinischen „februare" her; das bedeutet reinigen und führt auf das römische Reinigungsfest zurück. Im altrömischen Kalender war der Februarius der 12. Monat im Jahr, der Gregorianische Kalender führt ihn als 2. Monat des Jahres mit 28, in einem Schaltjahr mit 29 Tagen.

In vielen Gebirgsgegenden leitet das „Aperschnalz'n" von Dreikönig bis Lichtmeß (2. Feber) zum Vorfrühling über. Das Wort „aper", althochdeutsch „apir", bedeutet unbedeckt oder offen, da der Boden bereits vereinzelt schneefreie, offene Stellen zeigt. Ledige Burschen knallen mit bis zu sechs Meter langen Goaß'ln (Peitschen), die sie im Takt schwingen, um damit Winterunholde und den restlichen Schnee zu vertreiben; auch sollen durch das Peitschenknallen die Wachstumskräfte geweckt werden. Diesem alten Vorfrühlingsbrauch haftet noch Heidnisches aus vorchristlicher Zeit an. Die Volkskunde zählt diese Brauchhandlung zum Vegetations- und Lärmbrauchtum. Vierzig Tage nach der Geburt Christi wird zur Erinnerung an den Besuch Marias im Tempel das Fest der Lichterweihe gefeiert; es ist der Tag Mariä Lichtmeß am 2. Feber. Im Leben der bäuerlichen Bevölkerung spielt Lichtmeß eine wichtige Rolle. In vielen Märkten und Dörfern hat sich bis in unsere Zeit die Veranstaltung von Wachsmärkten zu Lichtmeß erhalten. Auf diesen Lichtmeßmärkten sieht man in den Verkaufsständen überwiegend Wachserzeugnisse; da sind Wachsstöcke mit kunstvollen ornamentalen Verzierungen, Kerzen in allen Größen und Formen und Wachsfiguren aller Art ausgelegt. Früher brachten die Bäuerinnen das rohe Wachs zum Markt und tauschten es beim Wachszieher und Lebzelter gegen gebleichtes ein. Fertige Wachserzeugnisse, vor allem Kerzen, konnten dafür eingehandelt werden. Wenn die Haustochter zu Lichtmeß einen besonders schön verzierten Wachsstock bekommt, legt sie ihn als Zierstück zur künftigen Aussteuer. Noch heute bringen die Bäuerinnen, auch viele ältere Bürgersfrauen, am Lichtmeßtag, wenn die Kerzen im Gotteshaus gesegnet werden, ihren Hausbedarf an Wachs zum Weihen in den Gottesdienst mit. Nach dem Kirchgang verteilt die Hausmutter die Wachsstöcke. Noch am Abend des Lichtmeßtages kommen die einfachen Kerzen, die für den Alltag bestimmt sind, in Gebrauch, vor allem beim gemeinsamen Lichtmeß-Rosenkranz. Die Bäuerin sieht auch rasch nach, ob auch ja die schwarze Wetterkerze bei der Weihe nicht übersehen wurde, und gibt ihr einen besonderen Platz im Haushalt. Im Sommer, wenn die schweren Wetter aufziehen, muß die schwarze Wetterkerze rasch zur Hand sein, um mit ihrem Schein die Unwetter zu vertreiben. Früher kam am Lichtmeßtag nach dem Hochamt der Bauer mit dem Zuggeldbeutel in die Stube und zahlte den versammelten Ehhalt'n ihren Jahreslohn aus. Heute ist es schon etwas Besonderes, wenn ein Knecht oder Dienstbote ein ganzes Jahr an einem Dienstplatz aushält. Die „Schlenkelweil" umfaßte allgemein einen Zeitraum von vier bis fünf Tagen und war gewissermaßen der ländliche Kurzurlaub der Dienstleute. Der Ausdruck „Liachtmeß mach'n" bedeutet soviel als den Dienst aufsagen oder wechseln. Vor gar nicht allzulanger Zeit sah man in den Tagen um Mariä Lichtmeß auf den Dorfwegen und Bauernstraßen viele Steirerwagen, auf denen der Oberknecht mit der Magd saß. Der Bursch fuhr die Dirn, bäuerlicher Sitte gemäß, zu ihrem neuen Dienstplatz. Am Einstehtag der Ehhalt'n gab es Tanzmusik in den Dorfgasthäusern, als „Lichtmeßball" in bäuerlichen Kreisen sehr geschätzt. Schlenkeltage in einem anderen Sinn, sogenannte bedungene Halbfeiertage, waren in vielen Dörfern auch die Donnerstage zwischen Lichtmeß und Fasnacht; der Bauer durfte an dieser alten Ordnung nicht rütteln, sonst standen ihm seine Dienstboten aus. Mariä Lichtmeß ist ein wichtiger Lostag.

Dem Volksglauben nach gibt das Wetter am Lichtmeßtag Aufschluß über die mutmaßliche Witterung der kommenden Monate; Gedeihen und Mißraten der Ernte werden anhand des Lichtmeßwetters zu deuten versucht. Kirchlich und brauchtumsmäßig in enger Verbindung mit dem Lichtmeßtag steht der Blasiustag, der 3. Feber. An diesem Tag wird in den katholischen Kirchen der „Blasiussegen" erteilt. Der Volksmund nennt es „Einblas'ln". Den Gläubigen wird am Speisgitter über zwei gekreuzten und brennenden Kerzen der Segen zum Schutz vor Halserkrankungen erteilt. Die Legende berichtet, daß der armenische Bischof

Blasius einem Buben das Leben gerettet habe, als dieser an einer Gräte zu ersticken drohte.

Am Agathatag (5. Feber) wurden in früherer Zeit Brote und sogenannte „Agathazettel" in der Kirche geweiht. Diese Zettel hatten folgenden lateinischen

> Domine Jesu Christe per b. V. M.
> Agatham benedic † et sanctific †
> hos panes et † extinque ignem
> comburentem!

Text: Domine Jesu Christe per b. V. M. Agatham benedic et sanctific hos panes et extinque ignem comburentem! (Oh Herr Jesus Christus, durch die selige Jungfrau und Martyrerin Agatha segne und weihe diese Brote und lösche aus das verzehrende Feuer!) Von dem Agathabrot gab der Bauer dem Vieh vor dem ersten Austrieb im Frühjahr als Vorbeugungsmittel gegen Fieber und Brand; auch legte er ein Stück davon zum Schutz vor Feuer und Blitz in die vier Winkel seines Hauses. Die Agathazettel (Originalgröße 8 mal 10 Zentimeter), die bei der Benediktion in der Kirche das Brot bedeckten, wurden an Stall- und Stubentüren als heilkräftiger Feuersegen und Feuerbann befestigt.

Die Legende weiß für den 9. Feber, den Apolloniatag, zu berichten, daß der Martyrerin vor ihrem Verbrennungstod die Zähne mit einer Zange ausgebrochen wurden. Auf Abbildungen sieht man sie stets mit ihrem Attribut, der Zange, dargestellt. Seit dem 15. Jahrhundert gilt Apollonia als Patronin gegen Zahnleiden; eine nach ihr benannte Heilwurzel und das Apolloniakraut (Aconitum napellus) sollen wirksame Pflanzen gegen Zahnerkrankungen sein. Noch im 19. Jahrhundert war es vielerorts üblich, an Apollonia-Statuen ausgerissene Zähne an seidenen Bändern „ex voto", aus einem Gelübde heraus, aufzuhängen.

Sankt Valentin (14. Feber), der Martyrer, der 269 n. Chr. starb, gilt als Pestpatron und Helfer gegen die Fallsucht. Wahrscheinlich durch den Anklang des Wortes Valentin an „fallen" (Volksetymologie!) rechnet man seit altersher diesen Tag zu den Unglückstagen des Jahres. Valentin ist der Tag des Glückwünschens und der Liebenden. In Österreich kam diese Sitte einige Jahre nach dem Zweiten Weltkrieg auf. Nach der Legende soll der hl. Valentin seine letzten Worte „von deinem Valentin" an die Tochter seines Kerkermeisters gerichtet haben. Volkskundlich liegt aber eine Erklärung für diesen Glückwunschbrauch wahrscheinlicher in der Ansicht, daß sich aus alten Liebesorakeln, wie sie bei uns schon immer zu Thomas, Andreas oder Johanni gebräuchlich waren, dieser Brauch entwickelt hat.

Ein weniger bekannter Heiliger dieses Monats ist Donatus, ein Martyrer aus der Katakombenzeit. Infolge eines wundersamen Ereignisses bei der Überführung seiner Gebeine und wegen der Namensähnlichkeit mit dem Donner wird er als Blitzpatron verehrt. Sein Tag ist der 17. Feber.

Da wir nunmehr bei der Mitte des Monats Feber angekommen sind, erscheint es angebracht, kurz auf die Begriffe „Schaltjahr" und „Schalttag" einzugehen: alle Jahre, deren Jahreszahl ohne verbleibenden Rest durch 4 teilbar ist, sind Schaltjahre mit 366 Tagen. Die Römer pflegten vor Einführung des Julianischen Kalenders das Jahr mit dem Monat März zu beginnen, der zu Ehren ihres Kriegsgottes Mars benannt war. Demnach war der Februar ihr letzter Monat und erhielt den Füll- oder Schalttag zugerechnet. Er ist aber keineswegs der letzte Tag im Feber, sondern folgt auf den 23./24., auf die sogenannten „Terminalien", einem Festtag für Terminus, dem Gott der Grenze und Marksteine. Die Kirche behielt diese Anordnung bei und bestimmte, daß das Fest jenes Heiligen, dessen Tag in einem gewöhnlichen Jahr auf den 24. Feber entfällt, in einem Schaltjahr auf den 25. verlegt wird. Wenig bekannt dürfte sein, daß die Jahrzählung „nach der Geburt Christi" – post Christum natum – erst im Jahre 525 von Abt Dionysius Exiguus in Rom erstmals angewandt wurde. In Deutschland konnte diese Art der Zeitrechnung erst um 876 Fuß fassen, und die Päpste in Rom machten merkwürdigerweise selbst erst um die Mitte des 10. Jahrhunderts davon Gebrauch.

Petri Stuhlfeier am 22. Feber erinnert kirchlicherseits an die Feier der Bischofswürde des Apostels Petrus. Der Tag gilt in manchen Gegenden als Frühlingsbeginn, so im Burgenland. Am Vorabend dieses Tages soll man ein Gefäß mit Wasser vor die Tür stellen und am nächsten Morgen nachsehen, wie stark das Wasser gefroren ist; dadurch kann man die Kälte der kommenden 40 Tage erfahren. Mit dem Tag Petri Stuhlfeier beginnt die bäuerliche Faschingszeit. Das Wort „Fasching" leitet sich vom „vastschang", dem Ausschänken des Fastentrunkes, ab. Der ganze Mummenschanz dieser närrischen Tage geht auf ein lärmendes Verscheuchen der Winterunholde zurück. Das Wort „Fasnacht", das hauptsächlich in bäuerlichen Gegenden gebräuchlich ist, bedeutet die Nacht oder den Vorabend vor der beginnenden Fastenzeit. Von den vielen alpenländischen Fasnachtsbräuchen nur einigermaßen ausführlich zu berichten, würde den Rahmen unserer volkskundlichen Monatsbetrachtungen sprengen; stellvertretend für all die zahlreichen Bräuche dieses Zeitabschnittes mögen die „Altweibermühle" und ein „Faschingsrennen" stehen. Bei dem Fasnachtsbrauch der Altweibermühle wurde zunächst auf einem Flachwagen eine gewaltige Kiste herangefahren, die im Aufbau einer Mühle ähnlich war. Diese „Mühle", von einigen „Müllerburschen" und dem „Müller" begleitet, fuhr man durch das Dorf. Dabei wurde ausgerufen, daß alte Weiberleut' in dieser Altweibermühle wieder jung gemacht würden. In verschiedenen Häusern standen schon mehrere als alte Weibelen verkleidete Mädchen bereit, die beim Heraustreten aus dem Haus von den Müllerburschen zur Mühle geführt und kopfüber in den Mahltrichter gesteckt wurden. Das Mahlwerk begann zu rattern, und nach einiger Zeit meldete die Mahlglocke den beendeten Mahlgang. Aus dem hinteren Mühlenteil erschien ein frisches junges Mädel. Der Grundgedanke dieses Brauches ist die symbolische Darstellung des Naturvorganges vom Absterben des Alten und einer Wiedergeburt des Jungen in der beginnenden Vorfrühlingszeit. Im oberen Murtal (Steiermark) wird mehrerenorts am Fasnachtmontag ein Faschingsrennen abgehalten, ein Lauf über die Felder, dem „Kranzlherr" und „Kranzljungfer" zur scherzhaften Verkündigung voraneilen. Ein Wegauskehrer rennt vor dem Zug, um eventuelle Gegenspieler niederzuringen. Hinter ihm laufen „Schellfaschen" und „Glockfaschen" mit überfallenden weißen Hemden, in weißen Hosen und Strümpfen. Vor den Häusern bilden sie um den Auskehrer ein Kranzl und tanzen in einem inneren und einem äußeren Kreis in entgegengesetzter Richtung. Dann kommen „dö Schiach'n" oder „Fett'ln" mit hölzernen Larven in Fell- und Federgewändern. Ein mit Federn beklebter Klampferer und das „Oarweibl" fahnden nach Eiern; der „Hennagreifer" hat zu seinem Stehlrecht Geierflügel. Ein „Schottenstreicher" endlich spritzt die Zuschauer mit Farbe an, und der Roßhandler mit einem künstlichen Schimmel beschließt den steirischen Narrenaufzug.

Am 25. Feber, dem Tag des heiligen Matthias oder Matheis, der durch sein Martyrium mit der Axt zum Patron der Zimmerleute und Fleischhauer und ein durch das Los zu den Aposteln gewählter Heiliger wurde, gruben die Frauen den Erdboden auf und säten Krautsamen hinein, da dem Volksglauben nach an Matthäi der Samen gesegnet war. Sankt Matthias ist übrigens als einziger Apostel in Deutschland, und zwar in Trier, begraben.

„Fasnacht-Irta – aller Narren Kirta"; damit ist der letzte Faschingstag, der Fasnacht-Dienstag, gemeint, an dem noch einmal alles Närrische in Fasnachtsumzügen, Tanzen, unsinnigen Spielen und Neckereien zu seinem Recht kommt. Am späten Abend dieses Tages, meist um Mitternacht, rüstet man sich zum „Faschingbegraben". Der ursprüngliche Sinn dieses heute noch viel geübten Brauches war das Eingraben oder Ersäufen des Winters, dargestellt durch eine Strohpuppe, die in feierlichem Zug unter Geläute von Schellenkränzen herum-

Zug der Pflüger am Faschingsdienstag (Steiermark)

getragen und mit einer Grabrede eingegraben wurde. Seit dem 7. Jahrhundert leitet der Aschermittwoch die Fastenzeit ein; dieser Tag gilt im Volksglauben als Unglückstag, da der Legende nach an diesem Tag Luzifer aus dem Himmel gestürzt worden sei. Man soll am Aschermittwoch kein Vieh austreiben oder weggeben, auch Haus und Stall nicht reinigen. Kirchlicherseits wird den Gläubigen vom Geistlichen mit geweihter Asche das Kreuzzeichen auf die Stirn als Zeichen der Buße gezeichnet. Man nennt dies im Volksmund „einasch'ln".

Bauern- und Wetterregeln im Feber

Scheint dö Sunn an Liachtmeß hell, kummt no' viel Schnea zua Stell / An Liachtmeß muß ma' bei Tag eß' / Wann's an Liachtmeß sturmt und schneit, is da Auswart neama weit / Agatha und Dorothe (5. und 6. Feber), reich an Schnee / St. Dorothe, bringt den meisten Schnee, und die Hühner fangen zu legen an / Sonnt sich die Katz' im Februar, muß sie zum Ofen im März sogar / Hüt' dich vor Kält', meid' Wildbrat und Fisch, trink Wein, iß Gewürz, dein Blut erfrisch! / Viel Regen im Feber, viel Regen im ganzen Jahr / Eiszapf'n um Fasnacht, dem Flachs lange Zöpf' macht / Die Nacht vor Petri Stuhlfeier weist uns an, was wir 40 Täg' für ein Wetter han / Ist's zu Petri Stuhlfeier kalt, hat der Winter noch einen langen Halt / Am Peterstag das halbe Heu, hast du's nimmer, so langt's dir nimmer / Am Mattheistag geaht da Fuchs 's letztmal über's Eis; denn Mattheis bricht's Eis, hat er kein's, so macht er ein's / Hat Mattheis (25. Feber) sei' Hack' verlor'n, werd erscht Sankt Josef (19. März) das Eis durchbohr'n.

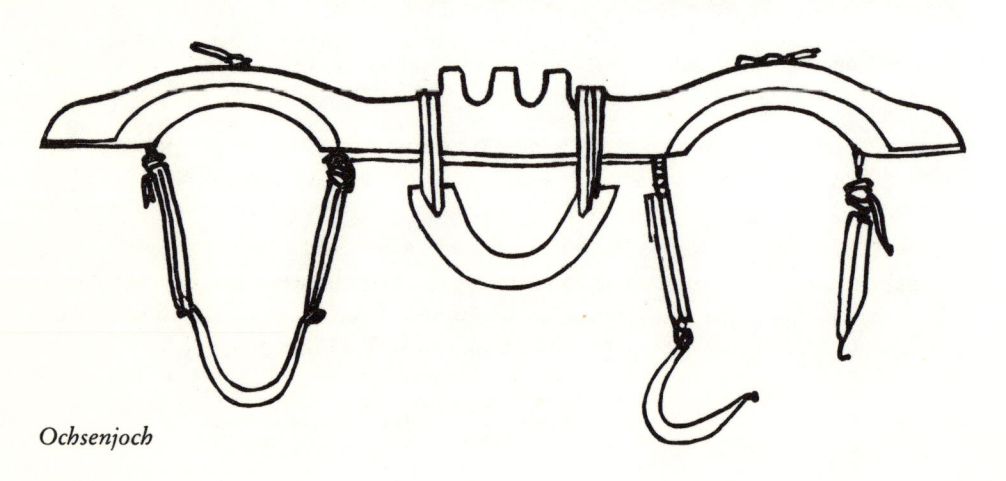

Ochsenjoch

Vom Pflügen und Säen im Lenzmonat

Zu den schönsten und, man kann das auch in unserer nüchternen und technisierten Zeit ruhig einmal sagen, ehrwürdigsten Arbeiten des Bauern gehört im März oder Lenzmonat das Pflügen. Die Erfindung des Pfluges stellt einen Wendepunkt in der Geschichte der Menschheit dar; seine Entstehung kann man etwa 2000 Jahre vor Christi Geburt ansetzen, in der Bronzezeit also. Die Urform des Pfluges – als Haken mit Deichsel und Pflugschar – verdeutlicht eine Felszeichnung in Schweden (Tegneby). Hierbei wird der Pflug an einem Querholz an der Deichsel von zwei Ochsen gezogen. Auf Bildern aus der Römerzeit ist der Räderpflug dargestellt. Vor der Pflugschar steckt in der Grindel das Sech, ein Messer, das den Boden aufreißt. Die ursprünglich wenig leistungsfähige Pflugform mit eiserner Pflugschar, als Nachfolgegerät der Hacke, blieb bis in das Mittelalter in Gebrauch; späterhin wurde der Pflug für schwere Böden verbessert: es kamen ein Pflugmesser, das die Erde durchschnitt, ein Streichbrett zum Erdeumdrehen und Räder zum Ziehen gleichmäßiger Ackerfurchen hinzu. Vor dem 12. Jahrhundert war der Pflug kaum in Gebrauch; in ihrer Grundform hatten die altartigen Holzpflüge der Alpenländer ein viereckiges Rahmengefüge. Es waren also Vierkantpflüge, in deren Sohle ein paar Sterzen verzapft waren, wobei in eine davon der „Grindel" (waagrechter Pflugbaum) befestigt wurde, der durch die „Griessäule" mit der Sohle verstrebt war. Die eiserne Pflugschar an der Sohle war einseitig; die aufgepflügten Erdschollen wurden durch das dahinter aufgerichtete Streichbrett (auch „Mullbrett", von Molte = Erde) gestürzt. Der Grindel ruhte vorn auf einem Radvorgestell, das „Gräd" genannt wurde. Vor der Griessäule war ein Vorschneidemesser („Sech")

eingelassen. Ein Doppelpflug mit zwei gegengleich gestellten Scharen und Streichbrettern und drei Sterzen, womit man das Gerät abwechselnd einsetzte, damit die Schollen stets abwärts stürzten, wurde Leiten- oder Bergpflug genannt. Im 13. Jahrhundert hatte der Pflug im wesentlichen seine heutige Form. Wohl der älteste Pflug im Kärntner Nockgebiet hat als Wechselpflug doppelte Sohlen, sogenannte „Pfluagköpf", doppelte Arling und zwei Sturzbretter, ferner drei „Pfluaghabl" (Sterzen). Im Pflugbaum steckt das Reißmesser und ein Zughackl für die Deichsel (Ziater), außerdem ist vorne ein Klobenrad angebracht. Dieser Pflug ist bis auf Sech und Schar und einigen Beschlägen von den Bauern selbst gebaut worden, und zwar aus Holz. Durch seine plumpe Ausführung und seiner dadurch großen Reibung hat sich diese Pflugform nicht sehr bewährt, so daß er in der folgenden Zeit als Eisenpflug vom Schmied nachgebaut wurde. In Südtirol wurde vor rund hundert Jahren im ganzen Land mit Ochsen gepflügt. Dabei wurden zwei oder drei Paare vorgespannt, die den Pflug im Pustertal an Stirnjochen und im Burggrafenamt an Nackenjochen zogen. Die Zugjoche für Rinder sind in der Regel Doppeljoche; so gehört zu den Hals- oder Widerristjochen das „Rahmenjoch", das einen geraden Jochbalken mit Ausrundungen für den Widerrist hat. Der untere Querbalken ist durch Stangen mit ihm verbunden. Das „Bogenjoch" hat an Stelle des Rahmens ein Gehänge aus zwei verketteten Bogenhölzern. Beim „Nackenjoch" hat der Balken ausgerundete Aufleger für Stirn- und Nackenpolster; hakenförmige Ausnehmungen und Führungsrillen für die Riemenverschnürung der Hörner ermöglichen Festigkeit und ruhigen Gang des Zuggerätes. Das „Jar" ist ein Stirnjoch mit halbrundem oder hufeisenförmig gekrümmtem Bügel, wie ein Kummet gepolstert, mit Leder bezogen und mit Messing beschlagen. Das Jar ersetzte vielfach die altartigen Holzjoche. In steilen Gegenden mußte der Pflug oftmals mit Menschenkraft gezogen werden. Das Pflügen mit zwei Pferden geht freilich leichter und bedeutend schneller. Im Tuxer Tal gab es den sogenannten „Vorpflug", ein Ackergerät, das uns heute fast vorgeschichtlich anmutet, das aber noch in den Jahren des vergangenen Krieges in Verwendung war. Der Vorpflug ist ohne Pflugschar und Streichbrett; er wurde zum Umbrechen der Wiesen verwendet. Sein wich-

Pflügen und Eggen. Holzschnitt aus Petrarca's Trostspiegel, 1532

tigster Teil ist das Pflugmesser, mit dem das Grundstück, das von Wiese in Ackerland umgepflügt werden soll, in etwa 35 Zentimeter breite Streifen zerschnitten wird. Dieser Vorpflug mußte von den Bauern selbst gezogen werden. Zuerst wird von oben nach unten gepflügt, damit ein Rand entsteht; darauf werden die „Kratzer" gezogen, an denen drei Leute an die zweieinhalb Stunden arbeiten müssen. Der Vorpflug wurde meistens von zwei Frauen gezogen, während der Bauer mit viel Kraft „niederheb'n" mußte. In der heutigen modernen Landwirtschaft erleichtern Seilwinden und Traktoren die Feldarbeit. Wenn die letzte Furche gezogen ist und der Acker „zuagebaut" wird, muß man vor dem Säen noch „vorrumpeln", mit der Egge darüber fahren. Hierzu wurden in der altartigen Arbeitsweise fünf- oder sechsstangige Eggen mit einem

Bogen vor der ersten Stange, auf den der eiserne Klob'n für das Zugscheit kam, verwendet. Beim Eggen wird wie beim Pflügen hin und zurück gefahren; es dauert länger, wenn die Erde zäh und nicht weich ist. Braucht viel Arbeit, so ein Acker.

Zu den Arbeiten, die der Bauer selbst verrichtet (ohne Knecht), gehört das Säen, ebenfalls ein Urbild des Bauernstandes. Gesät wird aus dem Sätuch, dem Säschaffl oder dem Säkorb. Aus dem Sätuch, das dem Volksglauben nach ein unschuldiges Kind gesponnen haben soll, nimmt der Bauer immer wieder zu drei Würfen eine Faust voll Samen. In einigen Gegenden begleitet ihn als „Samengeherin" die Bäuerin am unteren Ende der „Leachn", der Grenze eines Samenwurfs, damit er nicht übereinander säe oder einen Fleck Erde auslasse. Die Bäuerin trägt dabei das Säschaffl, das sie aus dem weißen Säsack füllt; so oft es notwendig ist, schüttet sie aus dem Schaff den Samen in das Sätuch. In Südtirol wird die Saat mit der Queregge eingeebnet. Die Egge, die sich aus dem Rechen entwickelt hat, bestand in ihrer urtümlichen Form aus einem Baumstrunk, an dem man die Aststummel belassen hatte. Die Egge mit Holz- oder Eisenzähnen blieb über lange Zeiträume hin gleich. Nach dem Säen und Eineggen machte früher der Bauer mit dem Rechen drei Kreuze in den Acker; so ist es weitgehend heute noch in Teilen Südtirols Brauch. Mancherorts wurde ein Stück vom geweihten Osterholz in Kreuzform in das Erdreich gesteckt. Nun war für den Bauern einstweilen nichts mehr zu tun. Nach dem Anbau verrichten Bauer und Bäuerin meist verschiedene Arbeiten. Aufgezogene und dünn stehende Weizen- und Roggenschläge werden bei trockener Witterung gewalzt, auf die Wintersaat wird Dünger gestreut, und den Feldmäusen geht es jetzt auch an den Kragen. Es ist die beste Zeit, da sie jetzt aus Nahrungsmangel auch Gift fressen. Nach dem Auftauen und Abtrocknen werden die Wiesen geeggt und eingeebnet, wobei man lockere Wiesen mit schweren Glattwalzen bearbeitet. Wenn sich im März der Boden erwärmt hat, wird mit der Bewässerung der Wiesen begonnen. Bei günstiger Witterung kann der Bauer gebietsweise schon mit der Bestellung des Sommergetreides, der Ackerbohnen und des Sommerweizens, ebenso mit dem Kalkstreuen auf Feldern und Wiesen beginnen.

In Gegenden mit zeitigem Frühjahr kann im Obstbau schon jetzt zur Vorbeugung gegen verschiedene Pilzerkrankungen mit Kupferkalkbrühe gespritzt werden. Sobald die „Bod'ng'frear" (durchfrorener Boden) beendet ist, werden Bäume und Sträucher gepflanzt. Die Weiberleut' müssen im Hausgarten Saatwurzeln, Steckzwiebeln und Lauch pflanzen, den langen Dung von den Spargelbeeten abräumen, den kurzen mit der Mistgabel vorsichtig drunterarbeiten. In geschützter Lage werden die Erdäpfel gesteckt. In den Bienenkörben werden alle abgelagerten Waben herausgenommen und die Bienen (der „Imp") warmgehalten. Erfahrene Bienenväter unter den Bauern wissen, daß zu dieser Jahreszeit der Ankauf starker Bienenvölker vorteilhaft ist. An warmen Tagen, wenn es schon bereits so an die 10 bis 15 Grad Wärme hat, wird bei den Völkern Nachschau gehalten. Wenn dabei vom Brutnest zu weit abstehende Futterwaben entdeckt werden, ritzt sie der Bauer auf. Im übrigen brauchen die Bienen jetzt Ruhe, Wärme und Futter. Wenn im Tal herunten die ersten Krokusse herausspitzen und die sonnseitigen Hänge vom satten Rot der Erika überzogen sind, liegt bei den Bergbauern oben noch viel Schnee. Der Frühling kommt auf seiner Wanderung bergwärts langsamer voran als in den Niederungen. In vielen Hochtälern wird ihm aber ein wenig nachgeholfen: die Bergbauern streuen auf ihre Kulturflächen und Bergmahden Ruß, Asche oder Erde, weil dann die starke Frühjahrssonne den Schnee schneller wegschmilzt und der Boden somit rascher aper, also schneefrei wird. Das ist eine von Generationen überkommene Erfahrungstatsache. Im übrigen weiß der Bauer, daß jede Arbeit ihre eigene Zeit hat und darauf eine notwendige Pause des Wartens und Wachsens folgen muß; Wachsen und Reifen kann er nicht erzwingen, er muß warten.

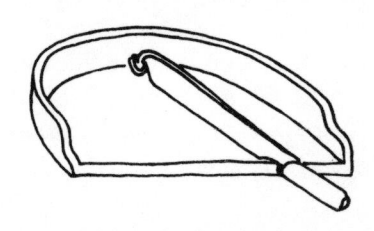

Brotschneidemesser (Brotgrammel)

Kult und Brauch im März

Schon zu allen Zeiten wurde der Monat März, dessen Name sich aus dem lateinischen Wort Martium gebildet hat, freudig begrüßt, da sich nun schon die Erde auftut und die austretende Erdfeuchtigkeit Tieren, Pflanzen und Bäumen zugute kommt. Der erste Sonntag in der Fast'n (Fastenzeit), an dem große Frühlingsfeuer entzündet wurden, trägt im Volksmund der Alpenländer die Bezeichnung „Funkensonntag". Die Funkenfeuer sind heute noch in vielen ländlichen Bezirken lebendiges Brauchtum in etwas abgeänderter Form. In die Glut wirft man viel Reisig, damit die Flammen reichlich Funken sprühen und sich viel Rauch entwickeln kann; denn so weit man die sprühenden Funkenfeuer sehen kann, so weit würden im Sommer die Gewitter nicht schaden können, meint der Volksglaube. Auch würden die Rauchwolken Hagelschauer abwehren und Gewitterwolken unschädlich machen. Früher tanzten Burschen und Mädchen um das Opferfeuer; auch sprangen sie, ähnlich wie an Johanni, paarweise über die Flammen, denen reinigende Kraft zugeschrieben wurde. Die glühenden Scheiben, die bereits vor rund vierhundert Jahren von Sebastian Franck in seinem Buch „Wahrhaftige Beschreibung aller Teile der Welt" (1567) erwähnt werden, und in weitem Bogen den Berg oder Abhang hinabgeschleudert wurden, begleitete ein Heil- oder Segensspruch auf ihrem Lauf ins Tal: „Diese Scheiben, der (dem) ... zu Ehren will ich treiben, wer will's wehren?" Viel Mühe wurde auf eine schöne Form der Feuerscheibe verwendet; oft wurden am Rand große Zacken, den Sonnenstrahlen ähnlich, ausgesägt und die Spitzen mit Pech ausgegossen. Das Zutreiben der Scheibe bedeutete für die Person, der sie galt, eine Ehrung. Die Funkenfeuer gelten vor allem als unheilabwehrend und reinigend; sie geben in alter Brauchform ein Sinnbild der Sonne, der sehnlich erwarteten Licht- und Wärmequelle. Asche und Kohle vom Funkenfeuer streut man auf Wiesen und Felder, sie sollen das Wachstum fördern und Ungeziefer fernhalten. Am Nachmittag des Funkensonntags werden im Allgäu sogenannte Funkenküscherl oder Funkenringe gebacken; jedes will frühzeitig mit Fütterung und Stallarbeit fertig werden, um „die Sonne noch in den Stall sperren zu können". Dann hat man das ganze Jahr über einen warmen Stall. Ein sehr alter Brauch, der noch aus der Römerzeit stammen soll, ist das Abbrennen des „Funkens" im Montafon, einem Berggebiet zwischen Rätikon, Verwall und Silvretta. Schon am Fasnachtmontag wird die „Funkentanne" in den Ort gebracht und auf freiem Feld aufgestellt. Sie wird rundum mit einem Fundament aus Pflöcken versteift und mit Holzscheitern umschichtet, zwischen die man Hobelspäne drückt. Der Scheiterturm um die Tanne kann dabei bis zu 15 Meter hoch werden. An der Spitze der Tanne wird eine „Funkahex", eine lebensgroße Figur aus Lumpen, befestigt, deren Kopf eine Pulverladung enthält. Mit Spannung wird die Explosion der Funkahex erwartet; dies soll ein unglücksfreies Jahr bedeuten. Das Tragen des Funkenfeuers in die Finsternis der kalten Vorfrühlingsnacht soll die Wiederkehr der Sonne und des Lichtes sichern.

Nun ist es wieder soweit: an Bachläufen und Waldrändern blüht schon der stark duftende Seidelbast. Dem Bauern zeigt er am besten an, wie er es mit der Frühjahrssaat einrichten soll; wenn die untersten Blüten früher entwickelt sind, soll man spät säen, blühen hingegen die an den Zweigspitzen sitzenden Knospen zuerst, kann man eine frühe Saat riskieren.

Am 7. März ist der Tag des heiligen Thomas von Aquin; wir erinnern uns daran, daß dieser bedeutende Philosoph und Theologe des Hochmittelalters im Jahre 1880 zum Patron der christlichen Schulen erhoben wurde. Am 10. März, dem Tag der „heiligen vierzig Martyrer" oder „Vierzig-Ritter-Tag", sind die Wetterherren an der Reihe. Von der geschichtlichen Begebenheit ausgehend, daß im Jahre 320 nach Chr. vierzig Soldaten der 12. römischen Legion, die als Christen durch die Verfolgung des Licinius in Sebaste den Tod durch Erfrieren erlitten, hat sich im Volksglauben ein Lostag für das Wetter und besonders für noch kommende Fröste herausgebildet.

Der Gregoritag (12. März), der nach dem alten Kalender auf die Tag- und Nachtgleiche, also auf den Frühlingsanfang fiel, ist dem heiligen Gregor, einem Förderer der Erziehung und des Schulgesanges geweiht. Der Gregoritag wurde zum Wettertag, da bis zur Kalenderreform durch Gregor XIII. im Jahre 1582 zu diesem Zeitpunkt die bereits erwähnte Tag- und Nachtgleiche war. Seit altersher wird der Gregoriwind von den Bauern als gutes Witterungszeichen gedeutet.

Sankt Gertraud am 17. März ist seit altersher eine beliebte Frühlingsbotin, sie wird auch vielerorts als erste Gärtnerin bezeichnet. Gertrud hütet das Bauerngartl und gibt der Erde Wärme. Storch und Kuckuck werden „Gertrudsvogel" genannt. Dem Volksglauben nach werden die besten Eier in der Gertrudsnacht gelegt, und die Bäuerinnen stellen zu diesem Zeitpunkt die Bienenkörbe wieder auf. Mit diesem Tag ist auch das winterliche Spinnen zu Ende. Aus dem 15. Jahrhundert stammt die überlieferte Vorstellung, daß Gertraud die Schutzheilige der Herbergen sei, da sie den abgeschiedenen Seelen auf ihrem Weg die erste Nacht Herberge gebe.

Der Josefitag am 19. März wurde erst im ausgehenden Mittelalter, und zwar seit dem Jahre 1621, zum überwiegend bäuerlichen Feiertag. Der heilige Josef, als Nährvater Christi verehrt, ist Patron der Kirche und aller Berufe, die mit der Axt zu tun haben, vor allem der Zimmerleute. Da er außerdem als Patron der Ehe gilt, werden seit jeher Hochzeiten gern am Josefitag gehalten. In Böhmen wurden noch bis vor einigen Dezennien Lärmumzüge („Josefiklimpern") und Kinderfeste aus Freude über das Kommen des Frühlings abgehalten. Im Volksmund sagt man: Sankt Josef schlägt den glühenden Pfahl in die Erde. Als besonders wirksames Schönheitsmittel empfahl die Volksmedizin unserer Vorfahren zu diesem Tag Märzenschneewasser; ebenfalls an Josefi eingesammeltes Öl aus den Josefslilien soll gegen Rotlauf und Hautverbrennungen wirksam sein.

Sankt Benedikt wurde zum Patron der Bauern, weil sein Tag in den Frühling fällt. Am 21. März erinnern wir uns daran, daß Benedikt im Jahre 530 den bekannten Benediktinerorden gründete. Als „Vater" des abendländischen Mönchtums wurde er auch zum Patron der Sterbestunde, da er seinen Tod genau voraussah. Benediktuskreuz und Benediktuspfennig genießen seit altersher als glückbringende und schützende Amulette große Verehrung. Ein schöner Vorfrühlingsbrauch, das „Todaustragen", wurde vielerorts in Österreich nach dem Zweiten Weltkrieg wieder lebendig. Sein Wesen besteht darin, daß eine als Schreckgestalt verkleidete Strohpuppe am dritten Sonntag vor Ostern, der vielerorts Todsonntag genannt wird, in feierlichem Zug durch das Dorf getragen

D'Schön und Stärk

und auf einer Wiese eingegraben oder in einem Frühlingsfeuer verbrannt wird. Manchmal wird die Strohpuppe auch von der jubelnden Menge mit brennenden Kienfackeln beworfen.

Am 25. März ist Mariä Verkündigung, eines der ältesten Marienfeste, das schon im 5. Jahrhundert als Feiertag begangen wurde. An diesem Tag wurde noch bis Mitte des 19. Jahrhunderts der Viehsegen erteilt. Nach dem 27. März, dem Tag des heiligen Rupert, des Gründers und ersten Bischofs von Salzburg, findet sich noch hie und da am Sonntag Judica der Brauch des Sommereinbringens. Dieser fünfte Sonntag in der Fastenzeit gilt als Unglückstag und heißt daher auch in manchen Gegenden „schwarzer Sonntag" oder „lahmer Passionssonntag", dem aber mit dem Ausschenken des ersten Fastenbieres viel von seiner Schwärze genommen werden kann!

Im März dauern die alten, vereinzelt noch aus dem Indogermanischen stammenden Vorfrühlingsbräuche an und erreichen mit dem Sammeln und Einbringen der ersten sprießenden Pflanzen und blühenden Zweige ihren Höhepunkt. Um die Heilwirkung zu erhöhen, meint die Volksmedizin, müsse dem zur Seite auch das „Fasten", das heißt, die „fest"gesetzte Enthaltsamkeit von bestimmten Speisen an „fest"gesetzten Tagen stehen.

Bauern- und Wetterregeln im März

Im März soll man kein Wasser trinken, da putzen sich alle Viecher / Wann dö Sunn am Fasnacht-Irta (Fasnacht-Dienstag) schean aufgeaht, werd' dö frühe Aussaat guat g'ratn / Wie sich der Aschermittwoch stellt, die ganze Fastenzeit es hält / Lachende Kunigund' (3. März), bringt frohe Kund' / Kunigund' macht warm vo' unt' / Donnerts im März, aft schneibt's g'wiß im Mai / Wenn es am Tag der 40 Martyrer (10. März) gefriert, so friert es noch 40 Nächte / März nicht zu trocken, nicht zu naß, füllt dem Bauern Truh' und Faß / Am Gregoritag (12. März) muß man los'n, ob der Wind geht; wenn es windet, muß man sich die Handschuh' flicken, weil es noch kalt wird / Sankt Gertraud (17. März) den Garten baut / Gertraud führt die Kuh zum Kraut, das Roß zum Zug, die Bienen zum Flug / Ein schöner Josefstag bringt ein gutes Jahr / Wann amal Josefi is, endet da Winta g'wiß / Sankt Benedik' macht d'Zwiebeln dick / Wieviel Nebel im März einfallen, so viele Platzregen gibt es im Sommer / Zu Mariä Verkündigung kommen die Schwalben wiederum / An Mariä Verkündigung soll der Pflug wieder ins Feld und das Vieh aus dem Stall / Viel Stern' am Verkündigungsmorgen, befreien den Bauern von vielen Sorgen / Ist's an St. Rupertus (27. März) rein, wird's auch so im Juli sein / Märzenstaub bringt Gras und Laub, Märzenschnee tut den Früchten weh / Wie der 29., so der Auswarts, wie der 30., so der Sommer, wie der 31., so der Hirbist (Herbst) / Märzenschnee ist gut für Zahnweh.

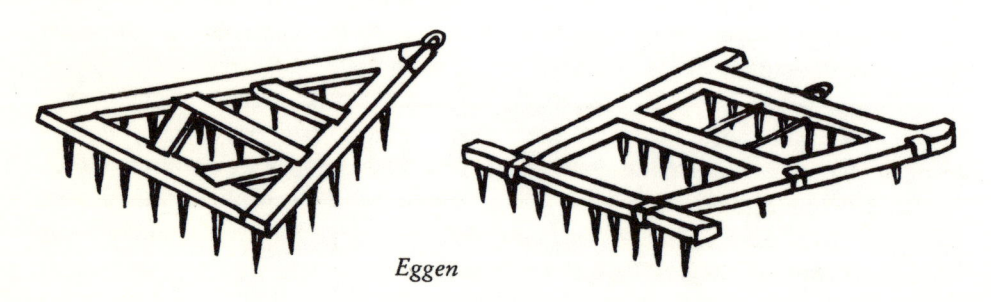

Eggen

Mistklock'n im Ostermonat

Wenn im Frühjahr an den sonnseitigen Berghängen die Lahna (Lawinen) zu Tal donnern, schaut der Bergbauer diesem alljährlichen, unausbleiblichen Naturschauspiel mit Sorge zu. Um seinen Berghof macht er sich dabei weniger Sorgen, der steht seit Jahrhunderten an einem von den Vorfahren gut gewählten und ziemlich sicheren Platz und ist zudem meist durch einen Bannwald geschützt. Aber die alles mit sich reißenden Schneemassen, die sich auf den ohnehin nicht großen Kulturflächen ablagern, sind es, die ihm Kummer bereiten. Unmengen von Steinen und Felstrümmern, die oft so groß sind, daß sie gesprengt werden müssen, schleudern die Lahna auf die Bergmähder. Die in Bewegung geratenen Schneemassen reißen aber auch G'strauchert (Strauchwerk) und Bäume, mitunter sogar Bergheustadel, mit zu Tal. Die Schneemassen selbst, die in solchen Lawinengebieten Wiesen und Äcker bis in die Wachstumsperiode hinein bedecken, sind ein schwerer Schaden für die Kulturflächen. Was beim Abschmelzen des Schnees von den Lahnen zurückbleibt, muß der Bergbauer jedes Frühjahr von neuem in mühseliger Arbeit von seinen Grundstücken wegschaffen. Steine und Felsbrocken werden auf den Steinschlitten aufgeladen, Fuhre um Fuhre weggezogen und in die Bergbäche entleert. Auch bei den häufigen Vermurungen wird dieser Steinschlitten benützt. Die „Wasserloata" (Wasserleiter), eine vier bis fünf Meter lange, sehr massive Leiter, deren Sprossen ungefähr neunzig Zentimeter voneinander entfernt sind, dient vor allem bei Hochwasser als Schiene für den Staoschlitt'n, damit er leichter zu ziehen ist und auch an brückenlosen Stellen über Gräben und Bäche hinweg verwendet werden kann. Nun muß das von den Lawinen mitgerissene Holz aufgearbeitet werden.

Bei schneebedecktem Boden wird der Dung, zu großen Häufen verteilt, liegen gelassen; hat der Schnee endlich im April, dem Ostermonat, auch bei den Bergbauern den Tausenden von lila und weißen Krokussen Platz gemacht und der Boden wird schneefrei, geht es ans „Klock'n" (zerschlagen, zerkleinern) des Mistes, der schon bei schneebedecktem Boden in großen Häufen auf die Kulturflächen verteilt wurde. Zunächst einmal wird der Mist mit einer eisernen Gabel zerschlagen und zerkleinert, dann wird er ausgebreitet – der Tiroler nennt das „Broat'n" – und schließlich fein zerrieben („Unribln"). Hierzu werden „Mischt-Stroafer", eine Art Strauch- oder Dornenegge, wie sie vermutlich schon in der jüngeren Steinzeit Verwendung fand, und Bürsten benützt. Der Miststreifer wurde noch in den zwanziger Jahren unseres Jahrhunderts in der Schweiz vielfach verwendet, so vor allem zur Zerkleinerung und Verteilung des Mistes auf den Feldern oder zum Lockern der Moose auf Mooswiesen. Im nordtirolischen Stubaital hat man den Miststreifer aus Reisig, der von einer Holzleiste zusammengehalten und während der Arbeit hinten mit Holz oder Steinen beschwert wird. Wo er noch in Verwendung ist, wird er vom Vieh, je nach Hanglage auch vom Menschen gezogen. Auf sehr steilen Kulturflächen wird der Mist mit einem hölzernen Rechen (Spaltrechen) verrieben. Die schwerere „Bürscht'n" besteht aus zwei Längshölzern, etwa 1,80 Meter lang, in die drei oder vier ebenso lange, doppelte Querleisten eingefügt sind. Zwischen den beiden Teilen dieser Querleisten werden zirka 20 cm lange Reisigbüschel dicht aneinandergereiht eingeklemmt. Bei vier Querleisten kann die Verbindung zwischen den beiden mittleren häufig gelöst werden, um das Gerät leichter befördern zu können. Bei Gries am Brenner hatte man Mistbürsten, die an der Oberseite häufig mit Schlittenkufen versehen waren; sie konnten so leicht auf die Wiesen gezogen werden, und auf Steilhängen war dies zudem die einfachste Art der Beförderung von schweren Geräten. Ähnliche Formen kennen wir aus dem Engadin unter der Bezeichnung „Schmain", aus dem oberen Vinschgau unter dem Namen „Mistkogel", und im Lammertal (Land Salzburg) spricht man von einer „Patzenegge", bei der keine Reisigbüschel eingeklemmt werden, sondern an die vier Querhölzer bindet man der Länge nach dünne, reich verästelte Zweige mit Stricken an.

Miststreifer und Mistbürste, diese altartigen Arbeitsgeräte zur Feldbestellung im Frühjahr, werden auch heute noch verwendet; als Beispiel dafür sei nochmals das Stubaital angeführt. Allerdings sind sie nur als Wiesenegge, nicht als Ackeregge in Gebrauch. Ab und zu kann man noch im Brennergebiet die Neuherstellung eines solchen Gerätes beobachten: von den drei Querleisten werden die zwei vorderen mit kurzen Reisigbüscheln besteckt, während an die dritte Querleiste ein „feichterner Ast" (Fichtenast) mit Draht angebunden wird. Die urtümlichen Techniken zur Herstellung sind den Tiroler Bergbauern heute noch bekannt und teilweise auch noch gebräuchlich.

Bei genügend abgetrocknetem Boden ist der Talbauer im April fest bei der Frühjahrsbestellung. Da muß das Saatgetreide gebeizt, der angefahrene Stallmist sofort ausgebreitet und bald untergeackert werden, auf den Wiesen geht das Eggen weiter, der Stallmist muß eingerieben werden, und bei trockenem Wetter werden die Wiesen gewalzt.

Jetzt, im Ostermonat, ist auch die letzte Frist für das Gräbenziehen. Die Bäuerin werkelt im Hausgarten, sie muß Erbsen, Salat, Spinat, Radieschen und große Bohnen aussäen und nach der Kräuterecke sehen. Gegen Monatsende werden die Steckrüben gesät und die Mistbeete muß sie auch häufig lüften. Die Bienen wollen auch versorgt sein, und so ist nach Bedarf das Brutnest durch Anhängen einer leeren Wabe an die letzte Brutwabe zu erweitern. Im April erwacht im Imp'nstock der Bautrieb und da müssen rechtzeitig Baurähmchen mit Beginn der Stachelbeerblüte eingehängt werden.

Mistbürste mit Schlittenkufen

Kult und Brauch im April

Im April, seit altersher auch Ostermonat genannt, öffnet sich die Erde ganz, damit alles so recht heraufgrünen kann. Der 1. April ist im Volksglauben der schlechteste Tag des ganzen Jahres; die Volksheilkunde warnt vor Aderlaß und Baden. An diesem Tag wurde der Verräter Judas Ischariot geboren. Im deutschsprachigen Raum sind Aprilscherze seit 1631 belegt; allen indogermanischen Stämmen war das sogenannte „In den April schicken" bekannt. Der Ursprung dieses Brauches vom ersten April ist wissenschaftlich noch nicht restlos geklärt; der seinerzeitige Termin des römischen Narrenfestes dürfte nicht unwesentlich dabei sein.

Der 2. April ist dem heiligen Franziskus von Paula (Patron der Einsiedler) und der 4. April dem heiligen Isidor, dem letzten abendländischen Kirchenvater und durch seine Schriften bedeutenden Lehrmeister des Mittelalters geweiht. Isidor wird besonders in Tirol als Bauernheiliger verehrt. Ein bis heute lebendiger Brauch ist die Isidor-Prozession in Untermieming; den Mittelpunkt des Umganges bildet die figürliche Darstellung der Legende, nach der einige Engel Pflug und Ochsengespann des Heiligen über den Acker führten, weil Isidor, im Gebet vollkommen vertieft, seine bäuerliche Arbeit versäumte.

Der Palmsonntag leitet die heilige Woche oder Karwoche ein; zu diesem Zeitpunkt beginnt das Osterbrauchtum in seiner Reichhaltigkeit an Überlieferungen und Brauchformen. Am Palmsonntag gedenkt die Christenheit des Einzuges Christi in Jerusalem; Jesus ritt auf einer Eselin durch die Tore der Stadt, und das Volk streute ihm Palmen. Wie alle Züge der Passionsgeschichte, wurde auch die Einzugsszene schon in frühester Zeit in und außerhalb des Gotteshauses in Palmprozessionen dargestellt; viele Passionsspiele im Alpenländischen begannen mit dem Ritt auf der Eselin, und das Tier blieb auch dann noch ein wichtiges Inventarstück des Palmsonntags, als man theatralische Aufführungen aus den Kirchen verwiesen hatte. Zumeist fiel der Palmesel in reformierten Orten dem bilderstürmenden Modernismus zum Opfer, auch aufgeklärte katholische Kirchenfürsten verbannten ihn aus der Kirche, und er ist, mit wenigen

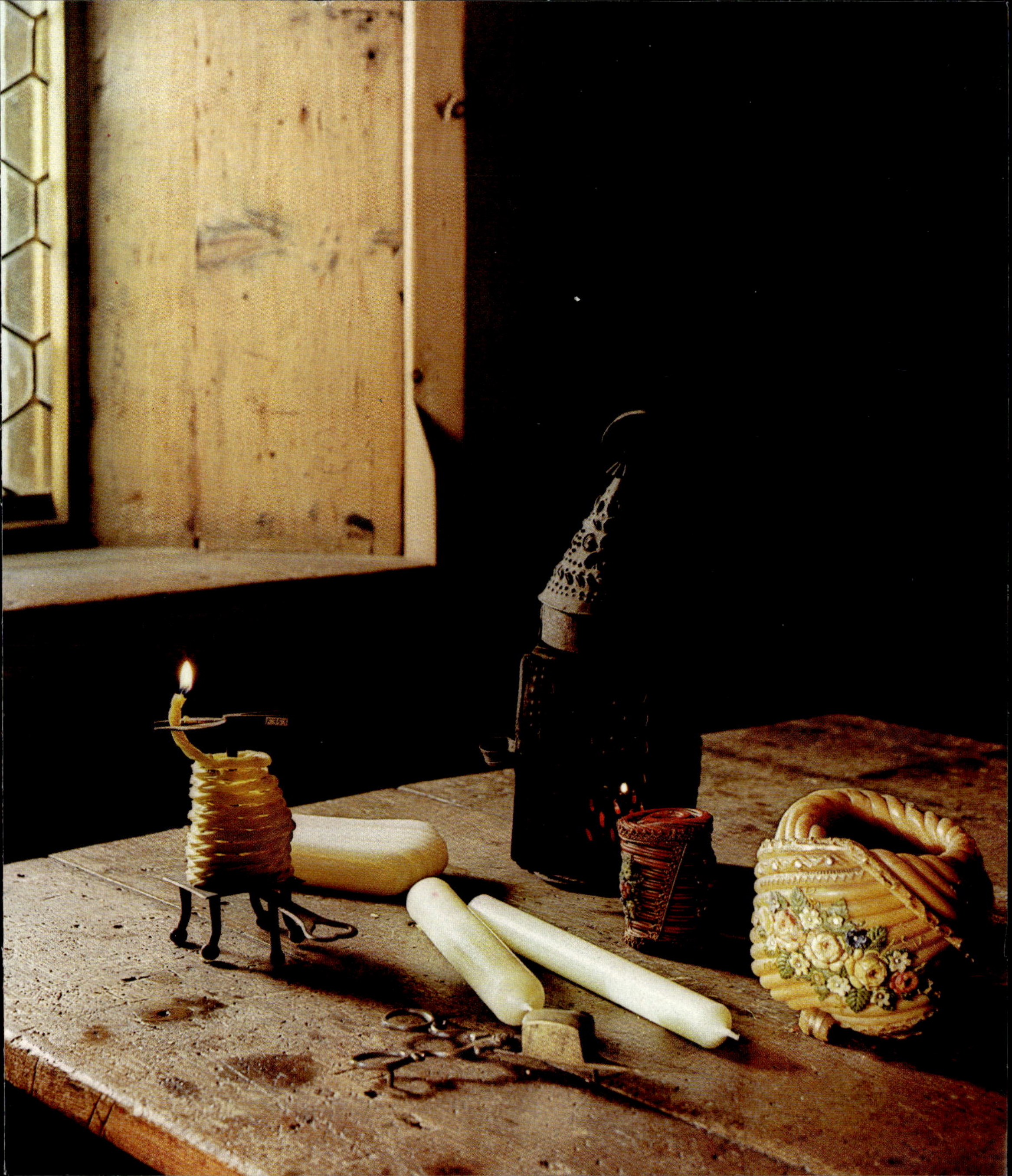

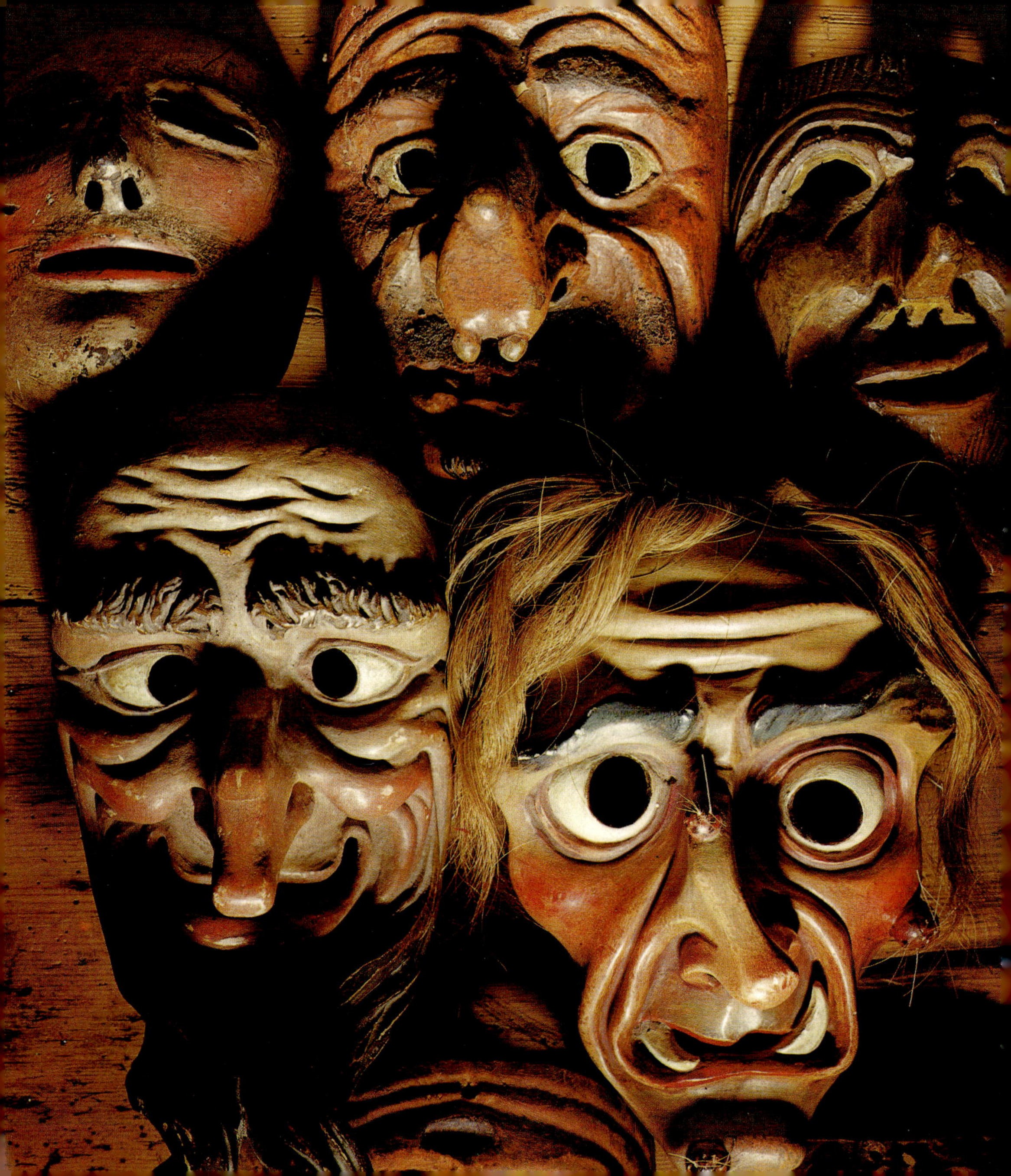

Schrattgatterl aus geweihtem Palmholz gegen Alpdruck

Ausnahmen, bis heute nicht mehr hineingekommen. Die älteste Nachricht über eine Prozession mit dem Palmesel vermittelt uns die Vita S. Udalrici: „Darnach segnet St. Ulrich die Palmen / darnach ward ein köstlich Procession von Pfaflen und Laien gehept mit creutzen und fanen und dem heiligen evangel voran pildnus unsers Herren auf einem Esel sitzend und iedermann palm in henden tragend..." Die vereinzelt noch vorhandenen Palmesel stammen teilweise aus dem 14. bis 16. Jahrhundert, die meisten aber aus noch späterer Zeit; sie bilden wegen ihrer Seltenheit wichtige Objekte einzelner Heimat- und Landesmuseen. Solange die Palmeselgruppen noch lebendiger Kirchenbrauch waren, schien der gewöhnliche Aufbewahrungsort der nur einmal jährlich benötigten Schnitzwerke der Dachboden der Kirche oder des Mesnerhauses oder Widums gewesen zu sein. Auf dem Nonnberg in Salzburg war ein besonders berühmter Palmesel; 1785 wird darüber berichtet: „Die Benediktinerinnen besitzen einen wundertätigen Palmesel, der große Schätze besitzt, nun aber von seinem Ansehen tief herabgekommen ist, in dem er nicht mehr wie sonst in seinem Prunke zum Anberühren mit Rosenkränzen auftreten darf." Im Auftrag des Salzburger Erzbischofs Hieronymus Graf Colloredo mußten die Nonnen ihren Palmesel vierteilen und ein Viertel zum Beweis des Vollzugs dem Consistorium vorlegen. Bei der Abschaffung der Palmesel bekamen die Leute, die sie erstanden, oft vom gesunden Volkswitz den Spottnamen „Eselsmetzger". Ursprünglich wurden auch lebende Esel beim Palmumzug verwendet; die schweizerische Redensart „Bruelen wie en Palmesel" stammt daher. Als Christus setzte man kostümierte Buben, Kapläne und Ministranten darauf. Der Brauch des Palmeselumzugs ist heute noch in Puch bei Hallein lebendig; hier wird das hölzerne Bild Christi auf dem Esel sitzend auf eine Tragbahre montiert und von vier Burschen in Salzburger Tracht auf den Schultern getragen. Im nordtirolischen Krippendorf Thaur bringt man die fast lebensgroße Heilandsfigur am Vorabend des Palmsonntags, mit einer violetten Tunika und einem scharlachroten Mantel bekleidet, in die Pfarrkirche. Am Palmsonntag-Vormittag während der Palmweihe steht die Figurengruppe im Kirchenportal. Am frühen Nachmittag setzt sich die Prozession mit dem Palmesel in Bewegung und führt über die Wiesen den Kalvarienberg zur Romedikirche hinauf und dann in das Nachbardorf Rum. Dort bekamen die Vorbeter und Buben aus einer alten Stiftung Brezen, die sie sich heute nach dem Thaurer Palmeselumzug im Schulhaus holen. Da der Palmesel nur einmal im Jahr aufscheint, bildete sich im Volksmund daraus eine feste Redensart: die Rechtlichkeit und der Palmesel kommen alljährlich nur einmal ans Licht. Auch kann man hören: mit dem Palmesel ein Privilegium haben, das heißt, sehr selten in die Kirche gehen.

Der augenfälligste Palmsonntagsbrauch ist der Palmboschen; da bei uns keine Palmzweige zu bekommen sind, nimmt man von jeher Palm- oder Weidenkätzchen als Ersatz. In den meisten Alpenländern werden die Palmkätzchenzweige auf lange Stangen gebunden, mit färbigen Bändern, kleinen Buchszweigen, Äpfeln und bezirksweise auch mit Brezen verziert; landschaftlich verschieden kommen als zusätzlicher Schmuck noch bunte „G'schaberbandln" hinzu. Das sind dünn gehobelte Holzbänder, meist 2 Zentimeter breit, die in Holzbeize eingefärbt werden. Im benachbarten Baiern werden mancherorts die Weidenkätzchen zu kleinen Boschen gebunden und auf hohe Stangen gesteckt; auch sieht man Palmkätzchen in Herzform und zu kleinen Kränzen gebunden, auch in Kreuzform und zu Palmkolben gesteckt, werden die verschiedenerlei Palmgebinde zur Weihe in die Kirche gebracht. Die Palmstangen werden nach der Weihe meist auf die Felder gesteckt, um die Fruchtbarkeit zu wecken; auch sieht man die bändergeschmückten Palmbesen bei den Höfen oder im Hausgarten, wo sie die Osterzeit über aufgestellt werden.

Mit dem Gründonnerstag setzt der volle Ernst der Karwoche ein; der Name „Gründonnerstag" leitet sich wahrscheinlich von der Farbe der Paramente her.

Die volkskundlich beste Erklärung gibt aber der „Greindonnerstag" alter Zeiten; denn das Wort „greinen" oder grunen bedeutet weinen. Auch der Name „Antlaßpfinstag", von der einstigen „Entlaßung" aus den Kirchenbußen, bezeichnet den Gründonnerstag, den das Volk gern mit einer grünen Speise in Verbindung bringt. An diesem Tag steht im volkstümlichen Speisenbrauchtum die „Sieben- oder Neunkräutlsuppe" obenauf. Wenn am Gründonnerstag die Glocken verstummen – im Volksmund sagt man, sie fliegen nach Rom –, treten die „Ratscherbuben" mit ihren verschiedenerlei Rumpel-, Flügel-, Hand- und Kastenratschen in Aktion, die einstmals mit ihrem Knattern und Lärmen die Dämonen verscheuchen sollten. Am Gründonnerstag oder Antlaßpfinsta' steht neben einer grünen Speise auch das Antlaßei im Mittelpunkt; an diesem Tag gelegte Hühnereier gelten als Sinnbild der Lebenskraft und wiedererstandenen Natur. Antlaßeier werden, da sie dem Volksglauben nach nicht faulen, aufbewahrt, um Haus und Hof vor Blitz und Brandschaden zu bewahren. In die vier Ecken der Felder eingegraben, sollen sie vor Hagel und Mäuseschaden schützen; auch werden ein paar Antlaßeier für trächtige Rinder aufbewahrt, um sie ihnen während des Kalbens als Kraftspeise einzugeben. Meist bleiben diese Eier, im Gegensatz zum Osterei, ungefärbt oder werden höchstens mit einem blauen Strahlenstern an der Spitze versehen und so in den Rauchfang oder unter das Dach gehängt, um jedes Unglück vom Anwesen fernzuhalten.

Die Christenheit ehrt den Karfreitag durch Stille und Fasten. Das Wort „kar" ist deutscher Herkunft und hat seinen Ursprung im germanischen „kar", das Kummer bedeutet; im Althochdeutschen findet man das Wort „chara" in der Bedeutung von Klage oder Kummer. In den Gotteshäusern werden die heiligen Gräber aufgebaut, die ein Überbleibsel aus der Barockzeit sind. Wahrscheinlich ist ihre älteste Form eine Nachbildung des Heiligen Grabes zu Jerusalem. Zur Zeit der Spätrenaissance und im Barock kamen zu den abtragbaren Gräbern die bunten, mit Wasser gefüllten Glaskugeln hinzu. Der bäuerlichen Phantasie war für diesen Karfreitagsbrauch viel Spielraum gegeben. Alte alpenländische Karfreitagsbräuche kennen wir aus Tirol und Steiermark: an diesem Tag warteten Bauer und Großknecht auf eine besondere Losstunde, die sich ihnen durch eine innere Eingebung ankündigte. In dem Augenblick trieben sie das übrige Gesinde an, alles ergreifbare Unkraut auszureißen, da es an dieser Stelle dann nie mehr nachwachsen könne. Dem Volksglauben nach sind am Karfreitag Eier, Brot und Wasser heilkräftig; für das Vieh wurden früher eigene „Marterbrote" gebacken, die man unter das Futter mengte.

Am Karsamstag, in der Osternacht, wenn Feuer und Wasser gesegnet werden, wenn die brennende Osterkerze feierlich in die verdunkelte Kirche getragen wird, und wenn die Dorfbuben geschwind von Hof zu Hof laufen, um der Bäuerin ja vor den übrigen vom geweihten Osterfeuer brennende und glimmende Teilchen zu bringen – früher wurde das Herdfeuer am Gründonnerstagabend gelöscht und erst in der Osternacht mit geweihtem Feuer wieder neu entfacht –, brennen im Lungau große Oster- und Auferstehungsfeuer. Am Karsamstag tragen Burschen und Mädchen große Mengen „Klaubholz" zusammen und stapeln es an einem günstig erscheinenden Platz zu einem mächtigen Haufen. Jede Bauernfamilie möchte ein recht großes Feuer entzünden können. Mit Spannung und Erwartung begibt man sich ums Dunkelwerden in der Osternacht ins Freie, um das Entzünden der Feuer mitzuerleben. Bald flammt das erste Feuer auf, dann noch eins, und bald sieht man auf den Berghängen ringsum hellen Lichtschein. In weitem Umkreis erhellen nun ungezählte Auferstehungsfeuer die Nacht, dazu blitzen und krachen die Abschüsse zahlreicher Böller. Früher dauerte das Böllerschießen bis zum Morgengrauen, dann zogen alle mit Kerzen, Fackeln und Windlichtern zur Kirche. Unsere Vorfahren kannten noch den schönen Brauch des Sonnebegrüßens am Ostermorgen, da die Sonne an diesem Morgen vor Freude dreimal beim Aufgang in die Höhe hüpfe. Bei Flurumgängen streute man Asche vom Osterfeuer über die Felder, um sie vor Mißwuchs zu schützen. Erinnert sei auch an die vielerlei hennen-, hasen- und hirschförmigen Gebildbrote, die es zu Ostern gab; in unseren Tagen ist dieses österliche Kultgebäck zurückgegangen; geblieben ist meist noch der Osterfladen. Die Bäuerin oder Haustochter bringt am Ostermorgen in einem Körbchen die zu weihenden Osterspeisen – Eier, Fleisch (Osterschinken oder Rauchfleisch), Osterbrot, Salz und Kren (Meerrettich) und Ostereier, die leicht

Osternacht im Lavanttal (Kärnten)

angeschlagen werden, damit „d'Weich" besser eindringen kann – in die Kirche. Nach der Speisenweihe werden im bäuerlichen Haushalt die geweihten Ostereier verteilt. Von den Eierschalen darf aber ja nichts weggeworfen werden; im Volksglauben müssen die noch so kleinen Reste von Geweihtem verbrannt werden. Das rote Ei, Sinnbild des keimenden Lebens, hat die größte Kraft und wurde schon sehr früh zu einer bäuerlichen Minnegabe.

Die alte Ansicht, das Wort „Ostern" sei von der angelsächsischen Göttin Eostra abzuleiten, ist nicht haltbar. Die Bezeichnung „Ostern", althochdeutsch „ostarun" und angelsächsisch „easter", findet sich nur bei den süddeutschen Stämmen; die übrigen Germanen haben das jüdische Wort pascha, gotisch „paska", erst durch christlichen Einfluß entlehnt. Ostarun bezeichnet einfach die Zeit, in der die Sonne wieder kraftvoll im Osten aufgeht, den Frühling schlechthin. Wie verschiedene Symbole christlichen Brauchtums sind auch die Henne, der Hase und das Osterei heidnischen Ursprungs, wobei sie in ihrer Bedeutung nur ähnlich waren. Es konnte immer wieder bei römischen Ausgrabungen festgestellt werden, daß der Hase als Fruchtbarkeitssymbol auf zahlreichen Terra-sigillata-Schüsseln dargestellt war; die Henne hingegen ist uns als Seelentier und Sinnbild der Fruchtbarkeit aus der germanischen Mythologie bekannt. Wieder einmal war es die Archäologie, die uns auf die Frage, wie es sich eigentlich mit dem Osterei verhält, eine befriedigende Antwort geben konnte. Das Osterei ist übrigens in einer sehr ähnlichen Art, wie wir es heute kennen, in Bosnien seit 1536, in Deutschland seit 1553 und in Österreich seit dem Jahre 1560 nachweisbar bekannt. Es sind uns hellenische Zaubertexte überliefert, die von buntgefärbten Eiern berichten; als man aber bei Grabungen auf dem römisch-germanischen Gräberfeld bei Worms bemalte Eierschalen fand, die aus der ersten Hälfte des 4. Jahrhunderts nach Chr. stammen dürften, wußte man mit Sicherheit, daß es sich beim Färben von Hühnereiern um einen heidnischen Brauch handelte, der vielleicht sogar bis in die prähistorische Zeit zurückreicht. Bei Grabungen in altslawischen Kulturschichten in Polen und Schlesien fand man übrigens auch Reste bemalter Eier. Im 10. und 11. Jahrhundert war es um die Osterzeit in Ägypten Brauch, sich bemalte Eier zu schenken; nach Mitteleuropa kam dieser Brauch durch die mohammedanischen Türken, die wiederum das Schenken roter Eier von den Persern übernommen haben dürften. Erste schriftliche Nachrichten über das österliche Eierschenken im deutschsprachigen Raum stammen aus dem Jahre 1630. Die Chronik berichtet, daß jeder Einwohner von Puchberg am Schneeberg (Niederösterreich) am Karsamstag dem Pfarrer ein „Walgei" abliefern mußte. Weiterhin erfahren wir, daß es schon zehn Jahre später in ganz Österreich und Süddeutschland allgemeiner Brauch wurde, sich gegenseitig zu Ostern Eier zu schenken. Anfänglich wurden damit vor allem Patenkinder bedacht oder junge Mädchen verschenkten sie als Minnegabe. Landschaftlich verschieden ist der Glaube, daß man die Ostereier mit der Schale essen, unter die Türschwelle eingraben, in die letzte Garbe einbinden, sie rollen und damit um den Herd einen Kreis ziehen oder sie rücklings in das Feuer werfen müsse. Nach anfänglich einfachem Rotfärben der Eier ging man bald dazu über, die gefärbten Ostereier durch Kratzen und Ätzen zusätzlich zu verzieren, wobei sich im Laufe der Zeit vier Techniken der Musterung entwickelten: Auskratzen der Farbe mit Dreikanteisen oder einer Nadel, Wegätzen der Farbe durch Scheidewasser mittels einer Feder, in selteneren Fällen die direkte Wachsmalerei, und endlich das Batiken. Besonders in den osteuropäischen Ländern entstand in der Folgezeit eine Fülle schönster Volkskunstmuster, die das ursprünglich einfache Hühnerei schmückten. Im 17. Jahrhundert war man sich in den deutschen Landen noch nicht einig, ob der Brauch des Eierschenkens mit der Religion vereinbar sei oder nicht. Und wie stellte man sich beispielsweise zu dieser Zeit in Wien zu den bunten Eiern? Von den Vertretern der Kirche wurde das Osterei anerkannt, wie es Pater Arzonni, Prediger bei Sankt Michael, in seinen in Nürnberg 1675 herausgegebenen Osterpredigten des Wiener Barnabitenpaters Don Florentinus Schilling beweist. In der Folgezeit erschienen Ostereier immer häufiger; man verfertigte sie aus Wachs, Holz und edlen Steinen, wie Malachit und Türkis, sogar aus Glas und Marmor. Zu damaliger Zeit schätzte man die Eier in allen Variationen und allen nur erdenklichen Materialien, nur gegen die hart gekochten Hühnereier hatte man etwas einzuwenden, die galten als ungesund. Wer brachte aber nun eigentlich all die bunten Ostereier den Kindern, der Osterhase oder die Henne? In Österreich, der Schweiz und in Deutschland war es seit der Einbürgerung des Eierschenkens zu einem regelrechten Durcheinander gekommen; man überließ es billigerweise den Eltern, den Kindern etwas passendes zu sagen, wenn sie in den Ladengeschäften zur Osterzeit (nicht wie heute schon bald nach Dreikönig!) bunte Eier ausgestellt sahen und sie zum Osterfest in Haus oder Garten versteckt fanden. An erster Stelle als Eierbringer stand die Henne, dann folgte der Osterhase (1682). In der Ostschweiz und in Vorarlberg erzählten manche Bauern ihren Kindern, daß die bunten Eier der Nikolaus bringe! Schließlich konnte sich aber doch fast im ganzen deutschsprachigen Raum der Osterhase als Eierbringer durchsetzen. Nur in Kärnten bringt die Ostereier vielfach heute noch die „Himmelshenne", während in manchen Dörfern Oberösterreichs der Hahn als Eierbringer aufscheint. Im Volksglauben ist beim Ostereiersuchen der erste Fund bedeutungsvoll; ein blaues Ei bedeutet Unglück, ein rotes hingegen drei Tage Glück.

In der Osterzeit gibt es Volksbräuche, die hauptsächlich in Gemeinschaftsspielen und Wettkämpfen bestehen; es sind vor allem Spiele um das Osterei. Das Gewinnen von Eiern ist dabei immer von großer Wichtigkeit. Auf welch verschiedene Art und Weise dies geschieht, zeigen die vielerlei Spiele, bei denen der Gewinn mehrerer Ostereier immer dem zufällt, der über die größere Geschicklichkcit und Schnelligkeit verfügt. Zu den beliebtesten Osterspielen gehören das Eierriegeln, das Eiertragen auf einem Löffel über aufgestellte Hindernisse, der Wettlauf um das Ei, das Eierrollen über einen Abhang oder zwischen zwei aneinander gelegten Rechen nach einem Ziel und das „Oarpeck'n", worunter man das Eierpecken Spitz auf Spitz versteht. In den Osterritten leben die alten germanischen Flurumritte in abgewandelter Form weiter; fast ausnahmslos ist nach alter Überlieferung ein Hügel oder eine Anhöhe das Ziel. Der zweite Osterfeiertag bekam im Volksmund wegen des schönen Osterevangeliums den Namen „Emmaustag"; für einen Osterspaziergang auf den Höhen ist es meist noch zuwenig schneefrei, daher geht man lieber „Ebenaus".

Am 23. April, dem Tag des heiligen Georg, der als Ackermann und Drachen-

Umzug des „Grünen Georg" (Steiermark)

töter, Wetterherr und Viehpatron seit dem 6. Jahrhundert verehrt wird, beginnen die ersten Feldumgänge und Schauerprozessionen (Bittgänge gegen Gewitter). Der ausgesprochen heldische Georg wurde von jeher in Ritterrüstung hoch zu Roß, den Drachen, der das Antichristliche verkörpert, mit einer Lanze besiegend dargestellt. In einigen Dörfern im Achental und Unterinntal richten sich die Buben am Georgitag zu einem ganz eigenen Umzug her, zum

„Grasausläuten" nämlich. In der Zeit des neuen Wachstums halten die Grasausläuter – meistens zwölf Buben, von denen jeder eine Kuhglocke mit Glockenriemen umgeschnallt hat – ihre Wiesenumzüge. Auf dem Hut wippt die Hahnenfeder, und mit ununterbrochenem Klingeln und Läuten ziehen sie hintereinander über Äcker und Wiesen von einem Hof zum anderen, um ein symbolisches Wecken des Grases und der Wachstumskräfte im Boden zu „erläuten". Der Sinn dieses feinen und heute noch durchaus lebendigen Vegetationsbrauches ergibt sich aus dem alten Glauben an das Wirken göttlicher Kräfte durch den Menschen: wo die Grasausläuter hinkommen, wächst das Gras gut, und die Äcker bringen reiche Frucht.

Am 25. April, dem Markustag, werden Regenbittprozessionen abgehalten; früher kam dem zu diesem Tag gebackenen Kultbrot mit dem lateinischen Namen „Marci panis" oder Markusbrot große Bedeutung zu. Aus ihm entwickelte sich in Verfeinerung das bekannte „Marzipan".

Eine besonders altertümliche Art des Kornaufweckens zeigt der sogenannte „Vierbergelauf" über die vier heiligen Berge Kärntens. Das geschichtlich denkwürdige Zollfeld umrahmen geographisch der Helenen- oder Magdalensberg, einst Mittelpunkt der keltischen Noriker, deren Hauptstadt Virunum in unmittelbarer Nähe lag. Die zweite von den „Vierbergern" besuchte Bergeshöhe ist der Ulrichsberg, urkundlich 983 Mons Carantanus genannt. Auf seiner Höhe wurde 1937 ein Tempel der Landesgöttin Noreia ausgegraben, nachdem schon 1934 ein ganzes Dorf samt Kirche aus dem 5./6. Jahrhundert entdeckt worden war. Einige Kilometer westlich der Ortschaft Pulst erhebt sich der Veitsberg; der vierte dieser Berge ist der westlich von St. Veit aufragende Gauerstall (von slowenisch kura = Henne, Birkhuhn), der das Kirchlein St. Lorenzen trägt und im Volksmund Lorenziberg heißt. Diese vier genannten Berge werden jährlich am zweiten Freitag nach Ostern, dem sogenannten „Dreinagel-Freitag", von einer Wallfahrerschar begangen. Die älteste Nachricht über die Vierbergewallfahrt stammt von Hieronymus Megiser aus dem Jahre 1612. Für die meisten Teilnehmer erfolgt der Aufbruch vom Magdalensberg aus, wo sich alle am Vorabend des Dreinagel-Freitags um 6 Uhr abends einfinden. Nach Predigt und

Wallfahrersegen lagern sich die Wallfahrer bei gutem Wetter vor der Kirche um lodernde Scheiterhaufen und harren unter Gesprächen, Gebeten und Gesängen auf den mitternächtlichen Gottesdienst. Anschließend entzünden sie ihre mitgebrachten Kienspäne und Fackeln und eilen in wilder Hast über Felder und Waldlichtungen bergab. Zu den vielen Eigentümlichkeiten der Vierbergewallfahrt gehört der auf jedem Berg wechselnde Laubschmuck, das „Bergerlaub". Dieses wilde Bergablaufen, das sich auf dem Rückweg von den anderen heiligen Bergen wiederholt, ist seit undenklichen Zeiten kultisch überliefert. Beim Grußläuten trifft sich die Wallfahrergruppe am Fuß des Ulrichsberges. Während des Aufstiegs sammeln sie Karfunkellaub (Efeu) und bekränzen damit ihre Hüte und Rucksäcke. Auf dem Ulrichsberg angekommen, nimmt jeder eine Handvoll Steinchen aus dem Fußboden des Heiligtums mit, die nach altem Volksglauben vor Blitzschlag schützen sollen. In unverminderter Eile geht es nach Karnburg und Zweikirchen; nach der dortigen Messe entfernt sich der Zug wieder und nähert sich dem beschwerlichen Aufstieg durch die Teufelsriese; hier legten sich noch vor kurzem viele Wallfahrerinnen das besondere Gelübde auf, nicht umzusehen, wodurch jede eine arme Seele erlösen könnte. Auf dem Veitsberg hält man Körbe mit Immergrün feil, das die Wallfahrer kaufen und anstecken. Beim Abstieg wurden sie früher auf einem schmalen Bachsteg von zwei Männern gezählt; war die Zahl der Fortziehenden größer als die der Angekommenen, so hatte sich ihnen der Teufel zugesellt. Daraus ersieht man, daß es sich um eine alte kultische Gepflogenheit handelt. Überall auf ihrem langen Weg werden die Vierberger mit Glockengeläute empfangen. Nun gilt es, den letzten Berg, den Lorenziberg, noch vor Abend zu ersteigen. In der kleinen Bergkirche empfangen sie den letzten Segen, und damit findet der beschwerliche, von Mitternacht bis Abend dauernde Lauf, der sich an die 45 Kilometer (!) bergauf und bergab erstreckt, dieses wahrhafte Bergmarathon, seinen Abschluß. Wie Waldmenschen mit ihrem grünen Laubschmuck ziehen die Pilger todmüde durch das Dorf Obermühlbach und zerstreuen sich dann nach verschiedenen Richtungen.

Bis vor einiger Zeit opferten die Vierberger auf jedem Berg eine Handvoll

Getreide und nahmen sich dafür eine kleine Menge Erde mit; heutigentags erfolgt nur mehr ein Austausch von mitgebrachtem Getreide für geweihtes, das bei den Bergkirchen in Schüsseln aufliegt. Das geweihte Getreide mengt der Bauer daheim unter das Saatgut, um ihm Segen und Gedeihen zu sichern. Das auf allen vier Bergen gesammelte Grünlaub steckt man zuhause auf die Felder, um sie vor Dürre, Hagel und Unwetter zu bewahren. Daß diese äußerst beschwerliche Wallfahrt den meisten gelingt, erklärt sich das Kärntner Volk aus dem merkwürdigen Umstand, daß der weite Weg nur am Dreinagel-Freitag bewältigt werden könne. Der Vierbergelauf gilt dem Volksglauben nach vornehmlich dem Gedeihen der Saaten. Wer einmal auf die vier heiligen Berge gewallfahrtet ist, muß es ein zweitesmal tun, sonst hat er die Fahrt als Toter nachzuholen. Die nächtliche Feier auf dem Magdalensberg vor Beginn des Vierbergelaufes ist ein Überbleibsel aus heidnischer Zeit. Die brennenden Holzhäufen und die Fackelbrände sollten ursprünglich die Sonne selbst verkörpern; sie galten einst in kelto-illyrischer Zeit dem Sonnengott, dessen Herrschaft sich glaubensmäßig über ganz Europa erstreckte. Durch den Fackellauf würde die magische Wiedergeburt der Sonne vollzogen und ihre Wirkung durch die Zauberhandlung des Laufens den Saaten mitgeteilt. Daß die vier heiligen Berge in alter Zeit Stätten eines heidnischen Feuerkultes waren, ergibt sich auch aus den dortigen Heiligenpatronaten. So hat beispielsweise die heilige Helena, deren Heiligtum auf dem Helenen- oder Magdalensberg steht, nach der Legende das Kreuz Christi samt den heiligen Nägeln aufgefunden. Der Dreinagel-Freitag als „festum trium clavorum" wurde durch Papst Innozenz VI. im Jahre 1353 eingeführt. Für einen alten Sonnenkult, aus dem der Brauch hervorgegangen ist, spricht endlich die Richtung, die die Wallfahrt nimmt, die Zahl und geographische Lage der Berge. Die Richtung des Vierbergelaufes erstreckt sich von Osten nach Süden, Westen und Norden; somit entspricht sie dem Sonnenlauf und damit einem ursprünglichen Sonnen- und Feuerzauber. Diese einmalige Wallfahrt ist eine Nachahmung des Sonnenlaufes, wozu die uralte Vorschrift stimmt, daß sie innerhalb 24 Stunden vollendet sein müsse. Daher die ständige Hetze und das Laufen der Vierberger. Die Bewegung im Sinne des Sonnenlaufes findet sich als magisches Motiv sehr häufig im keltischen Brauchtum. Hiermit stimmt überein, daß die von Norden kommenden Wallfahrer (aus dem Metnitz-, Gurk- und Glantal) bereits einen Tag früher den Lauf beginnen; als sogenannte „Nordleute" haben sie die Aufgabe, den vollen Nachtbogen der Sonne zu durchmessen. Ein geographisch gedachter Mittelpunkt zwischen den vier Bergen fällt in die unmittelbare Umgebung von Schloß Hohenstein im Glantal. Hier wurde ein der Landesgöttin Isis-Noreia geweihter Tempel ausgegraben; die im Zenit stehende Sonne traf mit einem Strahl das Göttinenstandbild des Tempels! Um dieses der Erdgöttin geweihte Nemeton (Heiligtum) bewegt sich der Vierbergelauf, wie sich die Sonne um die Erde bewegt. An die hier vorgefundenen älteren Bräuche lehnten die später nachdrängenden Germanen ihre eigenen Glaubensvorstellungen und Kulte an: den Unsterblichkeitsglauben, der die Toten in Bergen hausen läßt, die mit der Seelenverehrung und dem Sonnenglauben zusammenhängenden Jahresfeuer, die Totenspende auf den Bergen und der Bewegungsritus des Laufes über die Fluren. Daher auch das rücksichtslose Laufen und Trampeln der Vierberger über die Saaten. Das keltische Volkstum wurde durch die Kraft germanischer Volksstämme aufgesogen, deren letzte Ausläufer die Baiern waren; sie haben dem oberkärntischen Volkstum deutsches Gepräge verliehen. Jahrtausende ziehen mit! Das Vierberger-Brauchtum als einer der urtümlichsten Bräuche der Menschheit, die heute noch lebendig sind, beschäftigt seit über fünf Dezennien die Volkskunde und mit ihr die Geschichtsforschung und Archäologie.

In der Nacht des 30. April sollen eingebrachte Kräuter von besonderer Heilkraft sein. Der Haupttanzplatz der Hexen war dem Volksglauben nach die Scharnitzer Klause (Tiroler Grenze gegen Baiern), wo sie sich in der Walpurgisnacht (30. April), der Haupttrudennacht, zu unheilbringendem Umtrieb versammelten. Mit Peitschenknallen, Glockenläuten, Schießen und Ausräuchern der Viehställe versuchte man die bösen Geister und Hexen zu vertreiben. In der Walpurgisnacht wird aber auch viel Unfug getrieben: Geräte werden zerlegt und versteckt, Leiterwägen und ganze Misthäufen werden den Bauern, die nicht sorgfältig Haus und Hof in dieser Nacht aufgeräumt hatten, auf den Dachgiebel gesetzt. In den Vororten von Salzburg und den umliegenden Dörfern nennt man dieses Treiben „Filippeln"; der Apostel Philippus galt als Mann der Ordnung. Wer deshalb in dieser Nacht sein Sach nicht ordentlich und sauber verwahrt hat, zieht sich den Unmut des ordnungsliebenden Heiligen zu. Das Filippeln ist aber nur dann brauchmäßig echt, wenn nichts zerstört oder unbrauchbar gemacht wird, es soll ein harmloses Rügegericht sein. Auch wenn übermütige Burschen in dieser Unfugnacht das Brunnenrohr durchs Fenster in die Stube leiten, soll das dem brauchtumsmäßigen Schabernack zugute gehalten werden. Mancherorts war es Brauch, ein Schaff voll Wasser so über der Haustüre aufzuhängen, daß der erste, der am Morgen aus der Tür tritt, einen gesunden Guß in das Genick bekommt. Die Segenskraft des Wassers im Bereich des Wasserkultes wurde in früherer Zeit sehr hoch geschätzt, doch heute denkt wohl kaum noch jemand an den ursprünglichen kultischen Sinn der Reinigung und Läuterung.

Bauern- und Wetterregeln im April

Es sein nit alles Narren, die in den April g'schickt werden! / Ist der erste Aprilsonntag naß, alle Sonntag' bis Pfingsten findet sich das / Palmen im Klee, Ostern im Schnee / Wann's die Buabn auf'n Palm regnet, aft regnets die Madln auf'n Kranz / Wann's schneit in die Palm, schneit's as Vieh aus der Alm / Trockener April ist nicht des Bauern Will' / Am Tag Tiburtius (14. April) der Kuckuck rufen muß / Ist der Antlaßpfinschta (Gründonnerstag) weiß, wird der Sommer sicher heiß / Wenn es am Karfreitag regnet, ist das ganze Jahr gesegnet / Regnet's am Ostertag, gibt es fettes Futter / Sankt Georg und Sankt Marks, dräuen oft viel Arg's / Ist zu Georgi das Korn so hoch, daß sich ein Rabe darin verstecken kann, dann gibt es ein gutes Getreidejahr / Bauen im April die Schwalben, gibt's viel Futter, Küah und Kalb'n / Ist Markus kalt, so ist's auch die Bittwoch' kalt.

Roafheiz'n im Drei-Melcher-Monat

Der Monat Mai hat seinen Namen von der römischen Wachstumsgöttin Maia und wurde im mittelhochdeutschen Sprachgebrauch als „wine-manoth" in der Bedeutung von Wonnemonat bezeichnet. Neben der bäuerlichen Benennung „Weidemonat" kann man in den Alpenländern von alten Bauern auch noch die Bezeichnung „Drei-Melcher-Monat" hören; früher wurden in dieser Jahreszeit die Kühe dreimal gemolken. Man hielt auch viel auf die sogenannte „Neun-Tage-Butter" von Kühen, die zum erstenmal im Mai gekalbt hatten.

Nach dem Frühjahrsanbau verrichten der Bauer und die Bäuerin bis zur Mahd meist verschiedene Arbeiten. Den Bauersfrauen obliegt zunächst das „Stoaklaub'n" auf den Feldern, in früheren Zeiten auf den zu mähenden Egarten (Feldgras-, Wechselwiesen-Wirtschaft), und das „Raumen", das Wegräumen von Reisig, Tannenzapfen (Tschurtsch'n) und „Schoat'n" (Holzabfälle) längs der Zäune und auf den Wiesen. Das meiste davon wird zu Raumachhäuf'n zusammengerecht oder in einem Korb zusammengetragen; diese Häufen werden entweder gleich verbrannt oder im Juni zum Sonnwendfeuer hergenommen. Früher, als es auf den Bauernhöfen noch Ehhalt'n, also Dienstboten gab, legten die Dirnen ihren täglichen Weg zur Arbeit auf den Frühjahrswiesen häufig strikkend zurück; außer einem Rechen brauchten sie nichts mitzunehmen, und der wurde am Fürtabandl (Schürzenband) eingehängt, wobei ein Rechenzahn hinter das Schürzenband gesteckt und der Stiel nachgezogen wurde.

Die Mannderleut' haben im Mai „an etla Woch'n" mit dem Zäunen zu tun, und Zäune gibt es nicht wenig. Da sind einmal jene, die den Anteil des Besitzers an der Dorftratte umgrenzen, dann die Zäune, die den ganzen Hof, also die Felder, die um ihn liegen, einschließen; schließlich gibt es Zäune, die Feld und Weide trennen oder einzelne Grundstücke von angrenzenden Wirtschafts- oder Waldwegen. Die sogenannten „Infang", das sind erst später gerodete Waldteile, müssen in ihrer Zäunung nachgesehen und ausgebessert werden. Und dann erst die weiten Almböden und Lichtweideflächen, von der Niederalm oder dem Niederleger über die Mitter- zur Hochalm; hier ist eine gute Zäunung in unseren Tagen besonders wichtig, da auf vielen Almen das Vieh, besonders Jungvieh, ohne Aufsicht gesömmert wird. Hält man sich die ansehnliche Gesamtlänge der Zäune eines bäuerlichen Besitzes mit Almanteil vor Augen, dann sieht man, daß auch das „Zaunholzricht'n" als wichtige Frühjahrsarbeit im Bauernjahr aufscheint.

Außer den „Spelt'n" und „Steck'n" müssen auch die Ringe bereit liegen, die bei der häufigsten Zaunart, dem „Ringzaun", die paarweise eingerammten Stecken verbinden und die zwischen diesen liegenden Spelten oder „Raggl" tragen. Von etwa Mitte Mai an ziehen die Männer täglich in aller Frühe aus, um bis zum Abend zu zäunen, zuerst unten im Tal, dann auf den Bergmähdern und Almflächen. Der heute vielerorts übliche Elektrozaun hat die altartigen Zaunformen, besonders auf den Almen, noch nicht verdrängen können und nach wie vor muß stellenweise neugezäunt werden, wobei alte, im Winter schadhaft gewordene Ringzäune ganz abgerissen und neue errichtet werden. Zum Teil heute noch sind dabei die einzelnen Arbeiten auf drei Männer etwa so aufgeteilt, daß der eine die Stecken einschlägt, der andere legt die Spelten auf und der dritte „machelt" mit den Ringen. Sind nur zwei an der Arbeit, so kommt das sogenannte „Nachizäunen", das Speltenauflegen und Ringanlegen, einem einzigen zu. Das alte Zaunholz nehmen die Frauen beim Raumen nach Hause für den Kuchlherd mit; denn es heißt ja: „Die Weiberleut' soll'n ban Raumen nia laar hoamkemmen." Ist die Zaunarbeit auf den Talböden beendet, geht es „gen d'Alma". Außer der Hacke muß man vom Anwesen oder vom Wald Zaunholz mitnehmen. Früher vermochte ein „Zäuner" 10 bis 15 Paar dürre Stecken, vier bis fünf mittelgroße Spelt'n und etwa hundert dürre Ringe, auf einem Strick aufgereiht, zu tragen. Außer dem Ringzaun trifft man auf den Almen häufig den

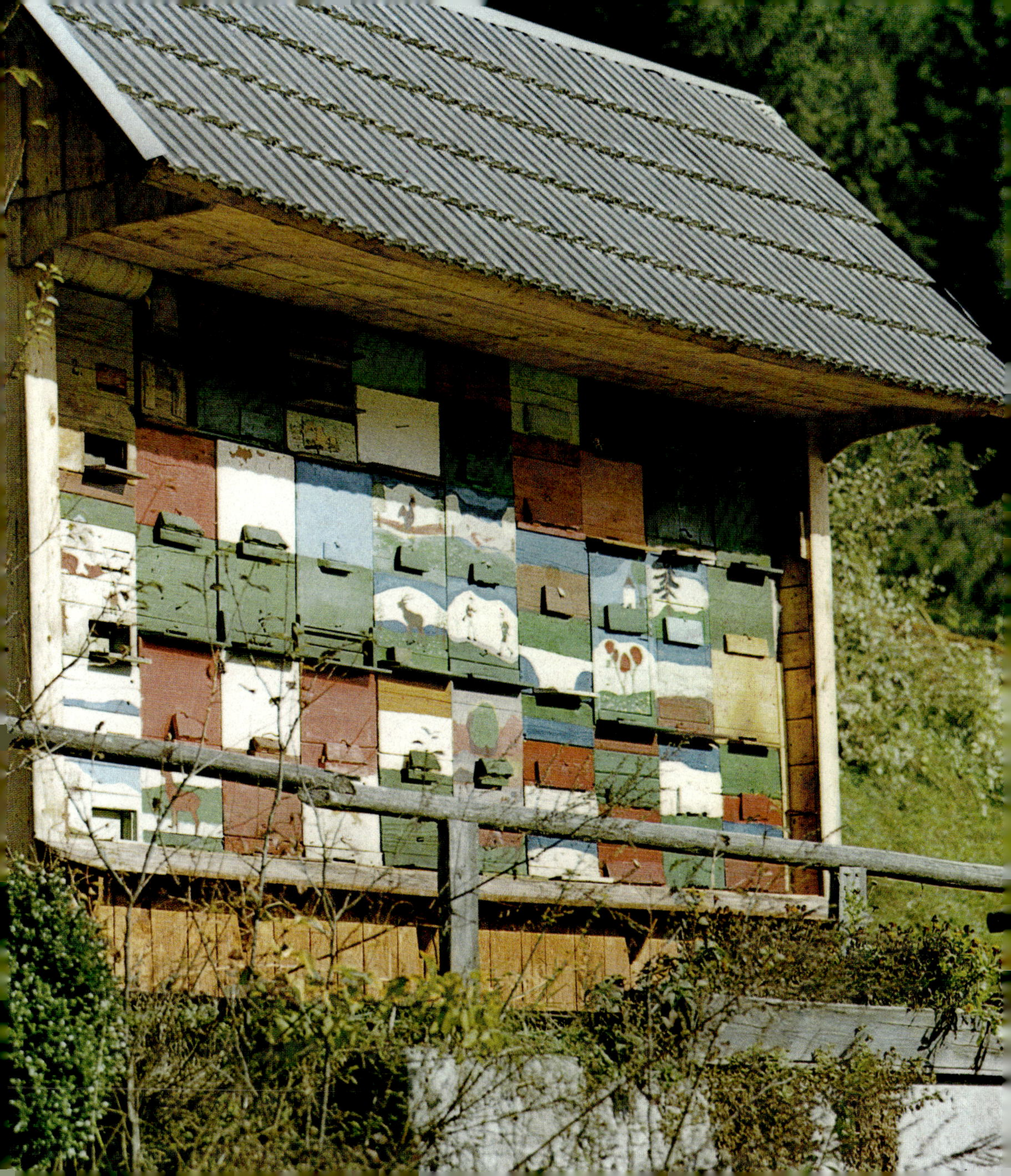

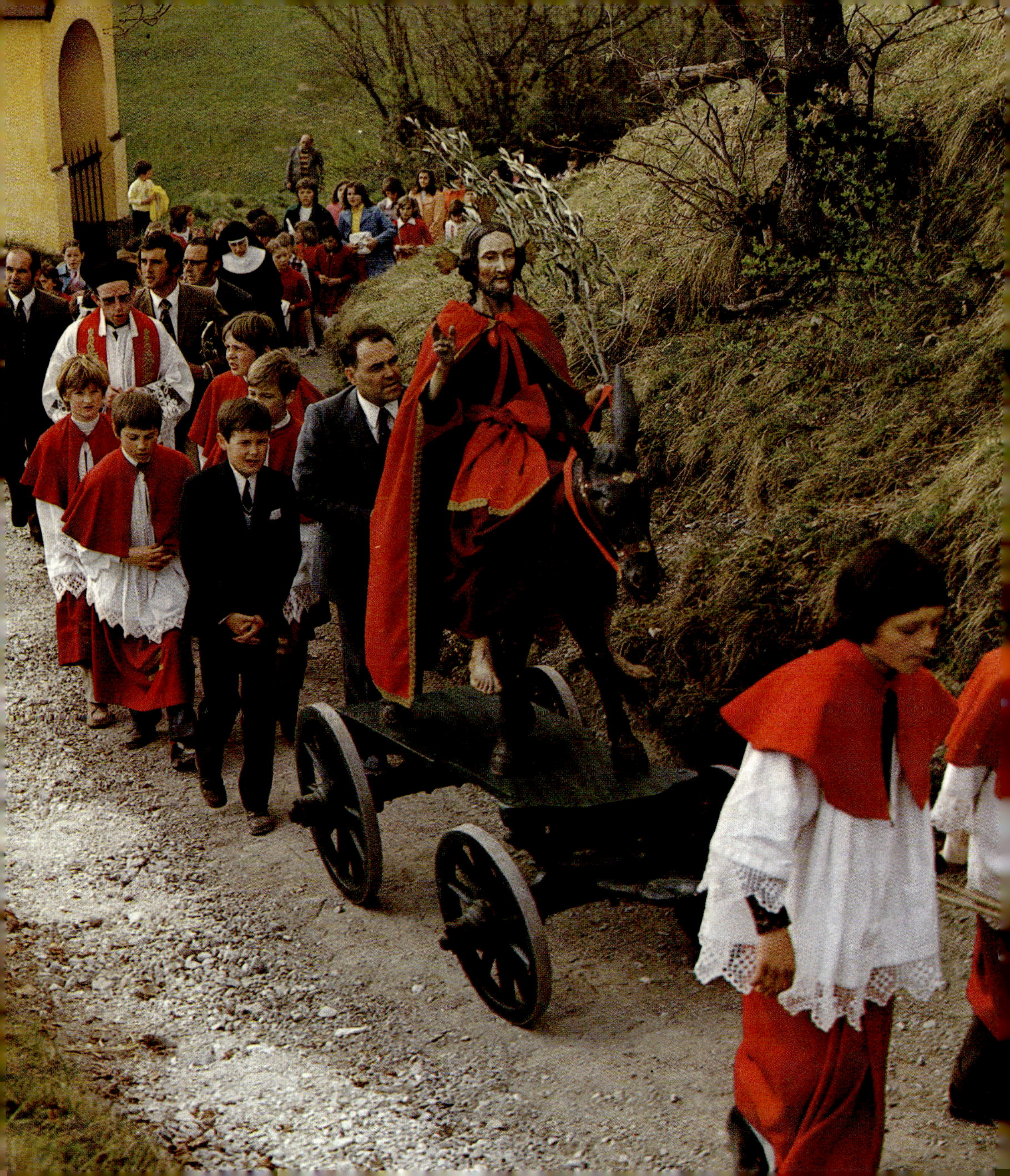

Kreuzzaun an, bei dem Spelten oder Lärchenstecken („Larcherne") mit dem einen Ende auf dem Boden, mit dem anderen auf gekreuzten Stecken aufliegen, die nicht zu tief im Boden stecken. Man errichtet einen Kreuzzaun meist in den „Schnealuck'n", wo es Schneewehen hermacht, das heißt, in Mulden, in die der Bergwind so viel Schnee hineinfegt, daß der Zaun jedes Jahr erneuert werden müßte, wenn man ihn nicht nach dem Almabtrieb im Herbst umlegen würde. Soweit es Zeit und Witterung erlauben, setzt der Bauer seinen Ehrgeiz drein, möglichst gut zu zäunen; ist ein Zaun schlecht gemacht, dann heißt es gleich, da hat kein Bergbauer, sondern ein Talbauer gezäunt.

Als einer der letzten im Gefolge des Winters erscheint Sankt Pankraz; für den Almbauern war früher Pankratius der Stichtag zum Almauftrieb. In den Weinbaugebieten und Obstgegenden wehrt man sich gegen die gefürchteten Maifröste zur Nachtzeit seit altersher durch künstliches Rauchmachen oder „Roafheiz'n", wie man in Kärnten und der Steiermark sagt. Eine Nachtwache bleibt auf und weckt, sobald sich der Himmel klärt, die Bewohner durch Schüsse. Alsbald beginnen auf Feldern und Wiesen die vorbereiteten Häufen aus grünen Zweigen und Reisig zu brennen und eine schützende Rauchdecke legt sich über das Gelände.

Der Almbauer hat von ungefähr Mitte Mai ab vielerlei Vorbereitungen und Arbeiten für die kommenden Wochen; denn in Kürze ist es wieder Zeit, das Vieh zur Sömmerung auf die Almen zu bringen.

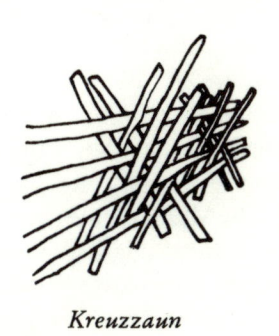

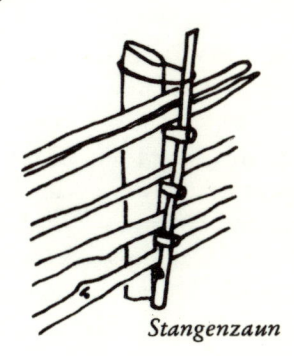

Kreuzzaun   *Stangenzaun*

Senner beim Käsen, Allgäu

Brauch und Kult im Mai

Der Mai war für die Menschen aller Zeiten der Inbegriff des Blühens und Gedeihens in der wiederum voll erwachten Natur; aus vorchristlicher Zeit hat sich noch viel Heidnisches im Maibrauchtum erhalten. Eine Vielzahl heilkräftiger Frühjahrskräuter soll neben Maienbädern, Maitau und Maiblumensaft der Gesundheit dienen. Neben kultischen Umritten und Maifeuern des Mittelalters kannte man noch im 19. Jahrhundert das symbolische Hexenausbrennen und den Maitanz der Braunauer Schwerttänzer. Wohl der älteste Volksbrauch im Mai ist das Aufstellen eines Maibaumes; ursprünglich ein Liebes- und Fruchtbarkeitssinnbild, ist es fast in jeder Landschaft mit dem Maibaumaufrichten verschieden: einmal kommt er nur für den Monat Mai zur Aufstellung, woanders wieder wird er für ein Jahr oder länger errichtet. Der Wipfel wird mit bunten Bändern oder Blumen, der Stamm mit Reisiggebinden und waagrecht hängenden, bebänderten Buchskränzen geschmückt. Die Maibräuche selbst sind zum Teil alte kultische Bräuche aus dem Hirtenleben. Der Tanz um den Maibaum ist auch der Boden, auf dem Vierzeiler, Trutz- und Spottlieder, Tanzlieder und Schnaß'n aus dem Augenblick und Anlaß heraus volksmäßig echt und unverkünstelt entstehen. Das Aufrichten eines Maibaumes ist übrigens nicht nur in den deutschen Landschaften Brauch, sondern im weiteren alpenländischen Bereich auch bei den slawischen Nachbarvölkern. Die Kärntner Slowenen und die Bewohner des ehemaligen österreichisch-ungarischen Kronlandes Krain tanzen ebenso um den Maibaum und feiern diesen Monat nicht weniger fröhlich und lebhaft als alle übrigen Bewohner der Alpenländer. Das hübscheste und tugendhafteste Mädchen des Ortes wird zur Maikönigin erwählt, mit Blumen geschmückt und mit Ehren und Ehrentänzen überhäuft. Bei den Windischen – das sind die Kärntner Slowenen in Unterkärnten – erzählt man sich folgende Legende über den Ursprung des Maibaumes: Am Morgen eines ersten Mai kam einmal die heilige Walburga mit ihren Brüdern Willibald und Wunibald auf ihrer Pilgerschaft in ein Dorf. Die Bewohner nahmen aber Anstoß daran, daß die ehrwürdige Frau mit zwei Männern herumzog, und machten sich darüber unverhohlen lustig. Einige riefen ihr sogar grobe Spott- und Schmähreden zu. Da stieß Walburga in heiliger Entrüstung ihren Wanderstab in den Boden und betete darum, er möge zum Beweis ihrer Tugend ergrünen. Und alsbald sproßte Laub am Stab hervor. Im ersten Augenblick wußten sich die Dörfler vor Verwunderung kaum zu fassen, doch später betrachteten sie den frischgrünenden Stab als Sinnbild des wunderbar wiedererwachten Frühlingslebens in der Natur. Seit dieser Zeit setzen sie zum Andenken jährlich einen Maibaum.

Als einer der letzten im Gefolge des Winters erscheint am 12. Mai Sankt Pankraz, der gestrenge Herr, der noch den letzten Schnee aus den Lüften holen kann. Durch generationenalte Beobachtungen der jährlich wiederkehrenden Naturverhältnisse bezeichnet der Bauer die ersten oder letzten Heiligen der Tage vom 12. bis 14. Mai als die „gestrengen Herren" oder Eisheiligen. Auch die nachfolgenden Tage bringen noch die Gefahr von Nachtfrösten. Sankt Pankrazius, ein Martyrer des 4. Jahrhunderts, scheint noch einmal den im Volksglauben mächtigen Winterunholden und Frostriesen kurzfristig zur Macht verhelfen zu wollen. Nur zu gut weiß der Bauer, daß zu den Tagen Servatius, Bonifatius und der volkstümlich benannten „kalten Sophie", den Tagen vom 13. bis 15. Mai, böse Kälteeinbrüche und gefürchtete Maifröste der jungen Vegetation übel mitspielen können. Aus Furcht vor der Macht dieser sogenannten Eisheiligen, die Unheil oder Segen spenden können, wurden diese seit altersher gläubig verehrt. Viele Bauern- und

Bayrischer Maibaum

Wetterregeln leiten sich vom Wirken der „Roafmannder" her. Die Eisheiligen treten bei der Umkehr des europäischen Wintermonsuns in den nunmehrigen Sommermonsun mit vereinzelten Nachtfrösten auf, auch Regen und Graupelschauer können sich einstellen.

In der ersten Maihälfte ist Muttertag; aus dem Jahre 1644 stammt eine Überlieferung aus England, der Heimat des grundlegenden alten Volksbrauches, wonach „jeden Sonntag inmitten des Maien ein großer Tag zu Worcester sei, an dem alle Kinder und Enkel mit den Familienhäuptern ein Fest zu Ehren der Mütter haben und genennet werde dieses Muttertag". In seiner heutigen, weltweiten Form stammt der Muttertagsbrauch jedoch aus Amerika. Gemeint ist ursprünglich nach angelsächsischem Brauch der Sonntag Laetare, der innerhalb des kirchlichen Lebens ein fröhlicher Tag mit Lockerung des Fastengebotes war. In vielen Landschaften Englands wurde der Besuch auswärts lebender Kinder bei ihren Eltern und zugleich der Mutterkirche, die nach altem Brauch die Osterkommunion spendete, zu einem festen Brauch. Man darf der Forschung nach annehmen, daß die Grundlage ein Frühlings-Sippenfest war, dessen Betonung durch kirchlichen Brauch und Text auf die Mutter fiel. Beim modernen „Muttertag begehen" hat der weltliche Festgedanke, besonders seit 1914, die Oberhand gewonnen. In Europa kann man ab 1930 den Muttertag als allgemeinen Volksbrauch bezeichnen, in Deutschland kam er nach dem Ersten Weltkrieg zur Geltung, und in Österreich wurde er durch die Mutter des Bundespräsidenten Hainisch Allgemeinbrauch. Heute hat der Gedanke der Mutterehrung auch in der bäuerlichen Bevölkerung Fuß gefaßt; denn gerade in der Bauernfamilie ist die Mutter noch mehr die Dienerin aller, als in der Familie.

Johannes Nepomuk (16. Mai) wurde im Auftrag König Wenzels IV. im Jahre 1393 in die Moldau gestürzt; er gilt als Schutzherr von Böhmen. Als Martyrer des Beichtgeheimnisses wurde er zum Patron der Beichtväter, der Verleumdeten und Zungenleidenden. In der religiösen Volkskunst kennt man sogenannte Nepomukszungen aus Metall oder Stein, die als Amulett dienten und in Nepomukskapellen als Votivgabe zu sehen sind. Nepomuk wurde auch zum Patron der Flößer und Schiffer – besondere Verehrung wird ihm von der Laufener

Schiffergilde zuteil – und der Müller und allen, die mit dem Wasser zu tun haben. Sein Bild findet sich auf Beichtstühlen und Brücken, wie er überhaupt im Volk häufig als „Brückenheiliger" gilt. Der Legende nach sollen an der Stelle im Fluß, an der sein Leichnam lag, Lichter erschienen sein; auf bildlichen Darstellungen umgeben fünf Sterne, in denen die fünf Buchstaben T.a.c.u.i. das lateinische Wort „tacui" (= ich habe geschwiegen) bilden, das Haupt des Heiligen. Mit dem Tag Johannes Nepomuk beginnt die Bitt- oder Kreuzwoche; in diesen Tagen vor Christi Himmelfahrt finden in den Alpenländern Flurumgänge und Bittprozessionen gegen Hagelschauer statt (Schauerwoche). Der weltliche Nebenzweck dieser Flurbegehungen kommt in der Klarhaltung der Flurgrenzen stärker zum Ausdruck.

Am Fest Christi Himmelfahrt wurde bis vor kurzem in vielen alpenländischen Kirchengemeinden die Statue des auferstandenen Heilandes bekränzt und durch das Kirchengewölbe emporgezogen. Ganz vereinzelt wird dieser Brauch heute noch ausgeübt. Man spricht auch vom „Engelestanz'n", weil mancherorts zwei Engelsfiguren die Heilandsstatue umschwebten. In früherer Zeit kam nach Entschwinden der Christusfigur ein förmlicher Regen von Heiligenbildchen und Blumen auf die Gläubigen herab. Von dieser figürlichen Darstellung des Himmelfahrtsgeschehens hat der Tag auch seine volkstümliche Bezeichnung „Auffahrtstag" erhalten. Wenn im Gotteshaus die an Seilen befestigte Figur des Erlösers mit den beiden Engeln zur Kirchendecke und durch das Heiliggeistloch entschwebt, passen die Gläubigen genau auf, in welche Himmelsrichtung sich die Statue mit der Siegesfahne dreht; denn im Volksglauben sagt man, daß aus dieser Richtung die ersten Gewitter heraufziehen würden. Da Christi Himmelfahrt stets an einem Donnerstag, dem Tag des Donar, gefeiert wird, hat sich im Volksglauben die Vorstellung von nahenden Gewittern und einem geöffneten Himmel festgesetzt. Daher wird an diesem Tag auch der Wettersegen erteilt. Auch gilt das zu diesem Zeitpunkt blühende „Himmelauffahrtsblümerl" als Wetterschutz. Die Volksmedizin empfiehlt an diesem Tag geschnittene Eschenspäne als Heilmittel gegen Wundblutungen. Zu den volkstümlichen Bräuchen dieses Tages gehört auch eine „fliegende Speise", wie Geflügel und Tauben.

Am 25. Mai ist Sankt Urban, der Patron der Weinbauern und Schaffler. Urban wird auch zu den sogenannten Marterheiligen gerechnet, und man spricht von der „Urbansplag'", wenn jemand die Gicht hat. Für den Weinbauer und Weinhauer ist der Urbanitag ein wichtiger Wetterlostag. Im Etschland wird ein Urbansstandbild mit künstlichen Trauben behangen und in feierlichem Umzug durch die Weingärten getragen. Mancherorts im Weinbaugebiet wurde das Urbansbild mit Wein begossen, wenn der Heilige schönes Wetter brachte; bei Regenwetter bekam der Weinheilige hingegen einen Kübel Wasser übergeschüttet. Diese Bräuche deuten im Ursprung auf alte, mit Heidnischem verbundene Wetter- und Regenzauber hin.

Bauern- und Wetterregeln im Mai

Wenn am 1. Mai Reif fällt, gerät die Frucht wohl / Der 3. Mai is' a Wolf, der 7. a Schlang' / Regen im Mai, das ganze Jahr Brot und Heu / Auf Stanislaus (7. Mai) rollen die Erdäpfel aus / Hat Pankraz einen schönen Tag, wohl der Wein geraten mag / Wer seine Schafe schert vor Servaz, dem ist die Wolle lieber als das Schaf / Vor Servazius kein Sommer, nach Servatius kein Frost / Die drei Azi sein drei rechte Bazi / Pankraz und Urban ohne Regen, folgt ein großer Weinsegen / Kühler Mai, volle Kast'n / Sankt Urban hell und rein, segnet die Fässer ein / Ist an Urbani das Wetter schön, wird man volle Weinstöck' seh'n / Wird an Christi Himmelfahrt dem Hochwürden sein Chorrock naß, gibt es viel und guten Flachs / Scheint die Sonne klar am Urbanstag, wächst guter Wein nach alter Sag'; ist aber Regen, bringt's den Reben Schaden, daher Urban bald muß im Wasser baden / Danket Sankt Urban, dem Herrn, er bringt dem Getreide den Kerz / Ist es klar an Petronell (31. Mai), meßt den Flachs ihr mit der Ell.

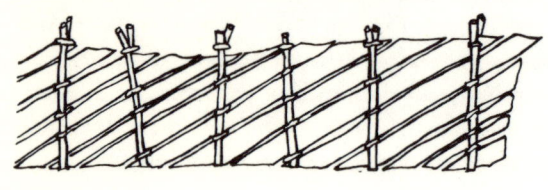

Schweifelzaun

Schnoat'ln und Jät'n im Brachmonat

Der Monatsname Juni leitet sich von der römischen Göttin Juno ab; die altdeutsche Bezeichnung „Prachmanoth", im heutigen Sprachgebrauch „Brachmonat", die Zeit der ersten Um„brechung" des Bodens, wurde seit ungefähr 1477 üblich. Im Alpenländischen wurde die Benennung Langs (Langes, Auswart) recht volkstümlich. Der Juni zeigt sich seit jeher in der Witterung recht launisch; das bringt ein bäuerlicher Spruch deutlich zum Ausdruck: „Wann die Hund' die Bäuch knurr'n, wann sie viel Gras fressen, greinen und murr'n, so bleibt's selten unterweg'n, es folgt bald darauf a Reg'n". Der Juni bringt das Frühjahrsende und den Beginn des Sommers; die Sonne zieht die Feuchtigkeit aus den Wurzeln und alles beginnt zu reifen. Früher wurde daher der Monat Juni bildlich als Schnitter mit Sense und Getreidegarbe dargestellt.

Im Juni ist es an der Zeit, das Vieh zur Sömmerung auf die Almen zu treiben. Außer Rindern und Pferden ziehen in manchen Almweidegebieten auch die genügsamen Schafe auf die Höhen. Meist wird für's erste einmal auf die Asten (Vor- oder Niederalmen) getrieben, und im weiteren Verlauf des Almsommers auf die Mitter- und Hochalmen. Ist einmal das Vieh aufgetrieben, so beginnen auch schon die Almgänge, um bei den Tieren Nachschau zu halten und ihnen „Leck" (Viehsalz) und auf manchen Almgebieten „Maisch" (gemahlener Hafer und Gerste) zu bringen. Während der Woche gibt es auf den Heimwesen genug zu tun; da müssen halt in Gottsnam' die Bauersleut' den Sonntag zu diesen Almgängen verwenden. In der zweiten Junihälfte, allenfalls je nach Witterung auch schon früher, sind die Mannerleut mit der „Straharbat", der Bereitung von Streu für den Stall, beschäftigt. Zu diesem Zweck machen sie sich jeden Morgen mit ihrem Werkzeug in den Wald auf; dort steigt einer der Männer mit den „Katzenpratzln", den Steigeisen, auf eine Feicht'n (Fichte) und „schnoatet" (hackt) mit dem kleinen leichten „Schnoathackl" nahe beim Stamm Äste herab. Nach dem Zusammenklauben einer genügenden Menge müssen die Äste dann vom Bauern mühsam auf eine Stelle, die mit dem Fahrzeug erreicht werden kann, zusammengetragen werden. Sind genügend Äste beisammen, so beginnt das Aufhacken. Aus vier Stempeln (Holzpfosten) und einem Baumstamm wird ein Schragen, die sogenannte „Hackbank" errichtet, und hier zerkleinern nun zwei oder drei der Arbeitsleute mit einer etwa 45 cm langen, schwereren Hacke das Astwerk. Wenn man an den schwächeren Fichten und den Wipfeln der stärkeren geschlagenen Bäume die Äste nicht knapp am Stamm abhackt, so daß die „Huaggn" (Aststummel) am Stamm bleiben, dann erhält man auch zusätzlich „Hifler", das sind Stangen, auf denen das Heu getrocknet wird. Alles, was im Wald oder Bergwald aufbereitet wird, bleibt den Sommer über dort liegen, damit es gut austrocknen kann. Für die „Strah" werden in Viereckform je drei Baumstämme aufeinander gezimmert, wobei die vierte, die obere Seite offen bleibt, und da hinein wird das Astzeug zu einem mächtigen Stock, einer sogenannten „Trist'n" aufgehäuft. Einige Tage darauf beginnt die Trist'n zu „brat'n"; wenn das vorüber ist, besteht keine Gefahr mehr, daß die Streu zu faulen beginnt. Der Stock erhält nun ein Holzdach als Regenschutz. Die Bauern in den Alpenländern wissen wohl um den Schaden, den der Wald durch das „Schnoat'ln" (Schneiteln) erleidet. Die Bäume können wohl nach einem oder mehreren Dezennien wieder geschnoatlt werden, doch ihr Holz gibt keine Schnittware mehr ab. Andererseits konnten und können auch heute nicht die Bauern die Streu entbehren. Stärkere Äste werden ohnehin nicht zu Streu aufgehackt. Besonders schöne Äste werden beiseite gelegt, die braucht man zum „Zaunring mach'n", einer Arbeit, die im Juni dem „Daxhack'n" folgt. Auf einer Waldlichtung oder am Waldrand werden die kleinen Zweige mit dem Messer beseitigt, dann geht es an das „Brat'n", wobei früher bei genügend Ehhalten der Schickbua oder das Schickdirndl einen ganzen Büschel solcher Äste zugleich in das Feuer hielt, damit diese biegsam würden. Das eigentliche Zaunringmach'n ist Männerarbeit; Bauer oder Knecht müssen die

Einsegnung der Alm

solchermaßen im Feuer vorbereiteten Äste mindestens zweimal „buck'n" (flechten).

Die Hauptarbeit der Weiberleut im Juni ist das „Jät'n", wozu sie gutding drei Wochen benötigen. Es gibt ja auf den Feldern und im Bauerngartl vielerlei zu jäten. Untertags ist es angenehm warm, überall grünt und blüht es, und man wird nicht von der Arbeit gedrängt, wie es später dann im Sommer und Herbst der Fall ist. Die Männer können beim Zäunen und Strahmach'n „Stundhalt'n", sich „a kloans Rastei" zur Mittagszeit gönnen; den Frauen steht eine wohlverdiente Ruhepause beim „Raumen" zu. In den kommenden Monaten ist es dann ohnehin wieder so, daß man von der Feldarbeit zum Mittagstisch gehen muß und von diesem sogleich wieder an die Arbeit.

Kufenstechen in Feistritz (Kärnten)

Kult und Brauch im Juni

Das Hauptfest des Monats ist Pfingsten, dessen Namen aus dem Griechischen „pentekoste hemera" abgeleitet wird und den fünfzigsten Tag nach Ostern bezeichnet. Die Mehrzahl aller alpenländischen Pfingstbräuche hat in Name und Handlung weltlichen Charakter; der Zweigsegen, das Gesundheit und Fruchtbarkeit bringende Grün, schmückt in den Pfingsttagen Häuser und Viehställe. Pfingsten feiert die Christenheit zur Erinnerung an jenen Tag, an dem der Heilige Geist die Jünger Christi zu Aposteln des Glaubens machte; beim Festgottesdienst erwarteten die Andächtigen das Sinnbild des Heiligen Geistes in Gestalt einer geschnitzten, oft auch lebenden Taube. Das sogenannte „Heilig-Geist-Schwingen" einer weißen Holztaube, das heute noch in einigen Alpenländern zum festen Kirchenbrauch des Pfingstfestes gehört, erfordert viel Geschicklichkeit und Übung. Die weltlichen Pfingstbräuche beginnen meist am Vorabend des Festes mit Schießen und Pfingstschnalzen. In manchen Gebirgsgegenden wird an Pfingsten das Vieh zum erstenmal auf die Heimweide getrieben; dazu ließ man früher ein besonderes Wiesenstück unbenützt, auf das die Herde geschmückt ausgetrieben wurde. Bis vor wenigen Dezennien war noch der Brauch des „Pfingstumziehens" lebendig, bei dem die Mädchen des Dorfes von den Burschen aus den Anwesen geholt und vor einen Pflug gespannt wurden. Dabei zog man möglichst oft durch einen Bach, an dem Pflug und „Gespann" mit Wasser begossen wurden. Ähnlich ist der Brauch mit dem Wasservogel oder Pfingstl: eine in Laub und Stroh gewickelte Person wird von einem Anwesen zum anderen geführt und nach Aufsagen eines Spruches beschenkt und darauf mit Wasser begossen. Als unsere Vorfahren noch im heidnischen Glauben befangen waren, herrschte die Vorstellung, daß jedes größere Gewässer alle Jahre sein Opfer fordere. Um alles eventuelle Unheil abzuwenden, brachte man in jedem Frühjahr den Gewässern, wenn sie am mächtigsten anschwollen und den größten Einfluß auf die Fruchtbarkeit der Erde ausübten, versöhnende Opfer dar.

Diese uralten Frühlingsbräuche lehnten sich ganz natürlicherweise später an die christlichen Hauptfeste Ostern und Pfingsten an. Trotz des gewaltigen Zeitunterschiedes sind wir heute noch mit geheimnisvollen und nur erahnten Fäden in sehr vielen unserer christianisierten Bräuche mit der Vorzeit verbunden. In der Meraner Gegend kennt man das „Maibutter ausschnöll'n"; am Vorabend des Pfingstfestes kommt die „Maibutter", ein Gericht aus Schlagobers oder halbverschlagender Butter mit Zucker und Zimt bestreut auf den Tisch. Diese seit 1223 nachweisbare und als sehr heilsam geltende Speise leitet das nächtliche Pfingstschnalzen der Burschen ein. „Peitschenkrachen" kennt man auch am Semmering, Niederösterreich und Kärnten. Ebenfalls am Pfingstvorabend werden im Viertel unterm Manhartsberg (Niederösterreich) und in den Windischen Bühlen der Untersteiermark „Heiligengeistlichter" (Pfingstfeuer) entzündet. Zu den schönsten Volksbräuchen der Alpenländer gehört das Gailtaler Kufenstechen in Kärnten. Am Pfingstmontag nach dem Mittagessen zieht in Feistritz die Musikkapelle auf, der auf schweren, mit färbigen Wollkotzen bedeckten und ungesattelten Rössern die Reiter folgen. Auf einem Pfahl ist die „Kufe", ein länger im Wasser liegen gelassenes und daher besonders gedichtetes Faß, weithin sichtbar aufgesteckt. Die Reiter – alle in Gailtaler Tracht – setzen sich in Trab und reiten vorerst einmal die Bahn ab. Plötzlich treiben sie ihre Pferde in schärfstem Galopp nahe an der Kufe vorüber, und jeder versucht mit der mitgeführten Lanze einen Stoß auf das Faß anzubringen. Das Spiel wiederholt sich so lang, bis die Kufe in Trümmer geht. Der Sieger erhält einen von den Dorfmädchen geflochtenen Ehrenkranz und eröffnet den nachfolgenden Tanz auf dem Dorfplatz mit dem Mädchen, das ihm den Kranz überreicht.

Am Donnerstag nach dem Dreifaltigkeitsfest wird das Fronleichnamsfest begangen; die Bezeichnung leitet sich vom mittelhochdeutschen „vron", das Herr bedeutet, und dem Wort „lih" = Leib her. Im Alpenländischen spricht man auch vom Antlaßtag; das bedeutet den Tag der Sünden-„Entlaßung". Auch wird vielerorts wegen des Schmückens mit Maigrün und jungen Birken vom „Prangertag" gesprochen, und die Fronleichnamsprozession nennt man die „Prang". Die Anregung zum Fronleichnamsfest gab die Ordensschwester Juliana von Lüttich. Sie hatte die ihr in einer Vision erschienene Mondscheibe mit einem dunklen

Punkt darin als Mangel in der Verehrung der Eucharistie gedeutet. Papst Urban IV. beging das Fronleichnamsfest erstmals 1246; die Feier wurde bald auf die ganze Kirche ausgedehnt und fand 1314 allgemeine Verbreitung. Später kam auch die Fronleichnamsprozession auf, in deren Verlauf um das Gedeihen der Feldfrüchte gebetet wird. Ähnlich begründete Flurumgänge gehen dieser Prozession voraus; sie werden bereits für das 10. Jahrhundert bezeugt, und in einer kirchlichen Verbotsliste aus dem 8. Jahrhundert (Indiculus) wird von heidnischen Kultbildern gesprochen, die vom Volk durch die Felder getragen werden. Im Mittelalter entwickelten sich die Fronleichnamsumgänge zu farbenprächtigen, prunkhaften Umzügen, bei denen Szenen aus dem Alten und Neuen Testament dargestellt wurden. So zählte der „große Umgang" zu Bozen im Jahre 1753 nicht weniger als 93 Gruppen. In der Zeit der Renaissance und des Barock erhielten die Antlaßprozessionen das ihnen eigene Gepränge; die heutigen Umzüge stellen allerdings nur noch einen schwachen Abglanz davon dar. Die Schützen in den Alpenländern begleiten heute noch als „Prangerschützen" das Allerheiligste. Aus der Unsicherheit der Zeit des Dreißigjährigen Krieges war dieser Begleitschutz für Geistliche bei oftmals beschwerlichen Versehgängen auf einsamen Landstraßen und im Gebirge entstanden. Für den deutschsprachigen Raum ist charakteristisch, daß der Umzug, zu dem im 14. Jahrhundert die vier Stationen der Evangelien dazukamen, sich zugleich als Flurprozession entwickelte. Im nordtirolischen Brixental ist am Nachmittag des Antlaßtages der weitberühmte „Antlaßritt"; ein besonders prächtiger Anblick sind auch die Schiffs- und Seeprozessionen auf dem Hallstätter See, wobei bemerkenswert ist, daß das Altar-(Sakraments)schiff und das Musikschiff nach altem Brauch heute noch handgerudert werden. Die Seeprozession auf dem Traunsee, die 1632 von den Jesuiten eingeführt wurde, hat sich bis auf den heutigen Tag unverändert erhalten. Kräuter, Kränze und Blumenschmuck, besonders Birkenzweige vom Prozessionsweg und den Evangelienaltären, gelten im Volksglauben als segenskräftig und werden nach dem Umgang eifrig gesammelt. Beim altherkömmlichen Salzburger „Himmelbrotschutz'n" werden geweihte Hostien gegen Hochwassergefahr in die Salzach geworfen. Die zu Fronleichnam ausfliegenden Bienen sind besonders wertvoll; denn wie sie zu Johanni einen Kelch bauen, so basteln sie am Antlaßtag eine Monstranz.

Am 15. Juni, dem Veitstag, der dem Martyrer Sankt Vitus oder Veit geweiht ist, zeigen sich schon die ersten Vorbereitungen zum kommenden Sonnwendfest: die Dorfbuben beginnen bereits mit dem Holzeinsammeln für das bevorstehende Johannisfeuer. Schon im 13. Jahrhundert hieß es vom St. Veitstag: hier mag die Sunn nit höcher.

Am 24. Juni ist der Johannistag; es sei daran erinnert, daß Johannes der Täufer der einzige Heilige ist, dessen Geburtstag die Kirche feiert. Der Johannestag wurde schon um 506 festlich begangen. Johannes gilt als Schutzpatron der Viehherden und Hirten; einige Pflanzen (Johannisbeere, Johannisbrot) tragen seinen Namen, da der Heilige der Legende nach sie gesegnet und gegessen haben soll. Bestimmend für diesen Tag ist das vielseitige Brauchtum zur Sommersonnenwende. Im Mittelpunkt steht das Sonnwend- oder Johannisfeuer, das alte Heils- und Reinigungsfeuer für Mensch und Tier. Die einstigen germanischen Nachbildungen der Sonnenscheibe hatten den Zweck, die Sonne bei Mißernte und Seuchen gleichsam zu zwingen, der Erde wieder ihre segnende Kraft zuzuwenden. Eine Sonnennachbildung konnte aber auch so geschehen, daß man nicht ihre Form, sondern den Stoff nachschuf. Man entzündete große Höhenfeuer und sah in ihnen ebenfalls eine wirksame Abbildung des Sonnenfeuers. So glaubte man Einfluß auf die Sonnenkraft selbst erzwingen zu können. Aus dieser Vorstellung heraus galt unseren Vorfahren eine Verbindung beider Nachbildungsarten als besonders wirksam. Brennende Holzscheiben oder glühende Räder wurden durch die Luft geschleudert oder von Anhöhen und Bergspitzen herab in die Täler gerollt. Damit sollte die fruchtbringende Sonnenkraft auf Siedlungen und Äcker, auf Menschen und Vieh gleichsam herabbeschworen werden. Das Johannisfeuer muß auch heute noch kräftig Rauch entwickeln, um altem Volksglauben zufolge der sommerlichen Gefahr von Viehseuchen entgegenzuwirken. Im langsamen Niederbrennen wird das Sonnwendfeuer von Burschen und Mädchen übersprungen; vielerlei Orakel und Aberglaube verband sich von jeher mit dem Feuerspringen, unter anderem galt es als ein sicheres

Sonnwendfeuer

Zeichen baldiger Heirat, wenn ein Bursch mit seinem Mädel über das Johannisfeuer sprang. Das Sonnwendfeuer war schon im frühesten Mittelalter so tief im Volk verwurzelt, daß die Kirche darum den Tag Johannes des Täufers auf diesen 24. Juni verlegt. Es bedeutet in unserer Zeit einen groben Verstoß gegen den alten Volksbrauch, wenn man immer mehr das Sonnwendfest der mathematischen Astronomie zuliebe auf den 21. Juni setzt. Ausnahmslos findet sich von den ältesten Nachrichten an bis in das 19. Jahrhundert herauf nur der 24. Juni als überall und zu allen Zeiten eingehaltener, überlieferter Zeitpunkt des Sonnwendfestes und Sonnwend- oder Johannisfeuers.

Im steirischen Ennstal sieht man an den Fenstern der Bauernhäuser kleine Blumensträußerl hängen; das sind die sogenannten „Sunnwendbusch'n". Am

Vortag von Johanni schickt die Bäuerin die Kinder aufs Feld hinaus, um Johanniskraut, Frauenhaar, Leinkraut, Steinnelken und andere Pflanzen zu pflücken. Daraus fertigt sie kleine Sträuße, die sie am Vorabend von Johanni an die Fenstergitter, Haus- und Stalltüren hängt. Nach altem steirischem Volksbrauch sollen diese unbedingt vor dem Johannistag gepflückten Sträußerl vor Blitzschlag schützen.

Der 29. Juni ist den Aposteln und „Wetterherren" Petrus und Paulus geweiht. Bei den Zillertalern wird ein Sternbild „Petersstamm" genannt; das Wort Stamm bedeutet hier Stab. Die Volksmedizin belehrt uns, daß zu Peter und Paul das Eisenkraut gegraben werden soll und die Sankt-Pauls-Heilerde jedem Gift widerstehe. Vor Sonnenaufgang geschnittenes Aschenholz soll man mit dem grünen Rindenteil auf blutende Wunden legen.

Bauern- und Wetterregeln im Juni

Laß d'Goaßl knall'n z'Medard (8. Juni), laß d'Sunna schein', 's bringt süaßes Almheu und an guat'n Wein! / Regnet es an Medardi, bleibt das Wetter vierzig Täg' unbeständig / Von Veitl bis zur Hanneskent (Johannisfeuer) braucht d'Sunna bis zur Umawend / Sankt Veit dreht die Blätter auf die andre Seit' / Wann die Hund das Gras spei'n, und die Weiberleut' über die Flöh' schrei'n, oder wann sie die Zähnt juck'n, aft hat's mit'n Wetter seine Muck'n / Um Peter und Paul bricht dem Korn die Wurzel, nun reift es Tag und Nacht / Wann im Juni Nordwind waht, kumma d'Schauer oft recht spat.

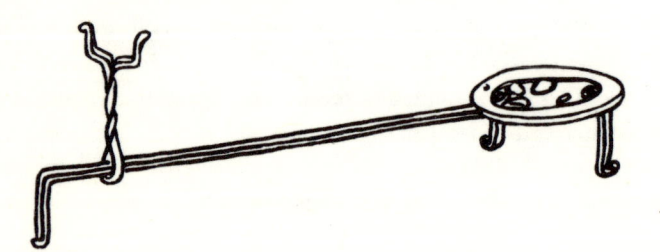

Pfannenknecht

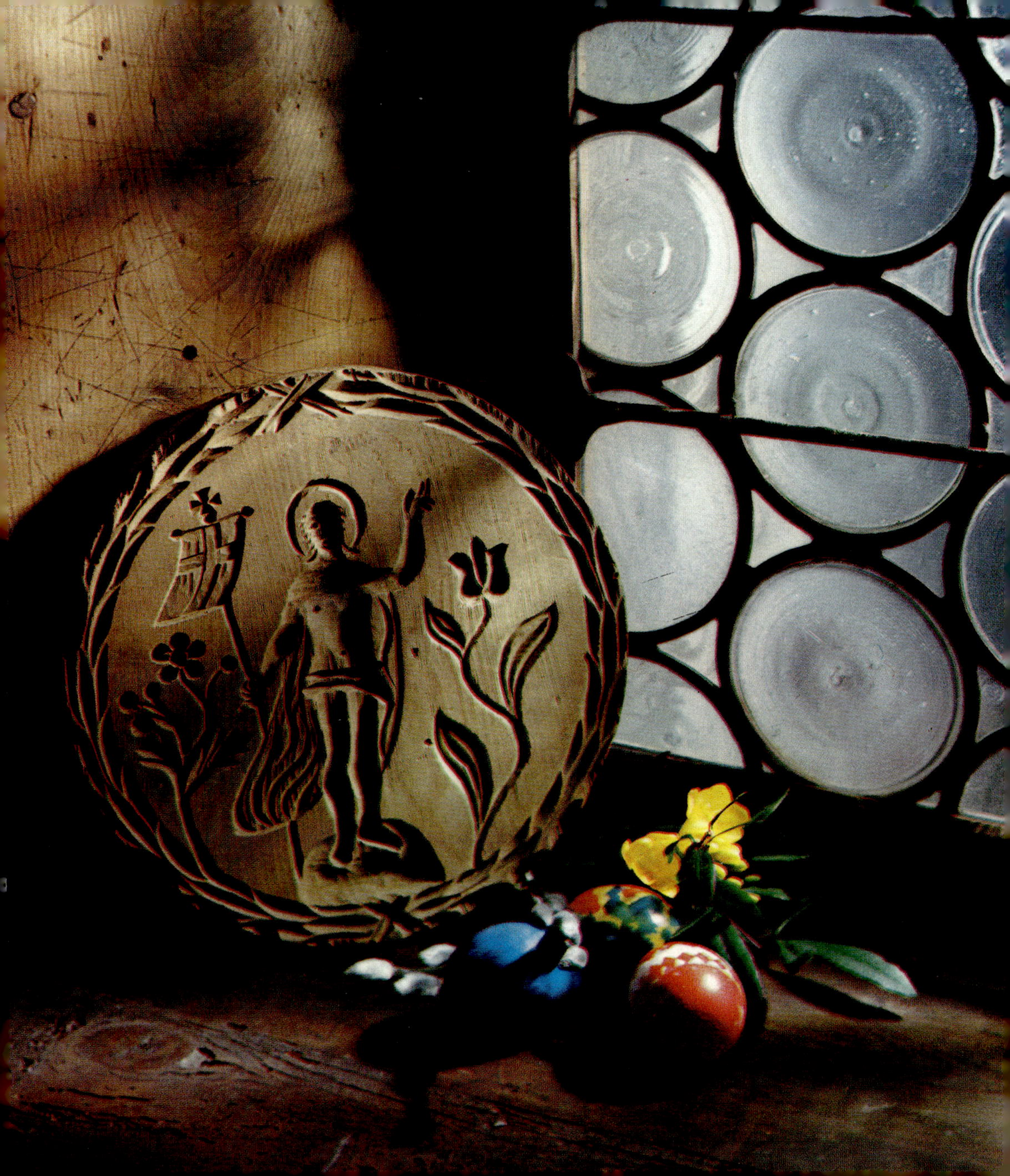

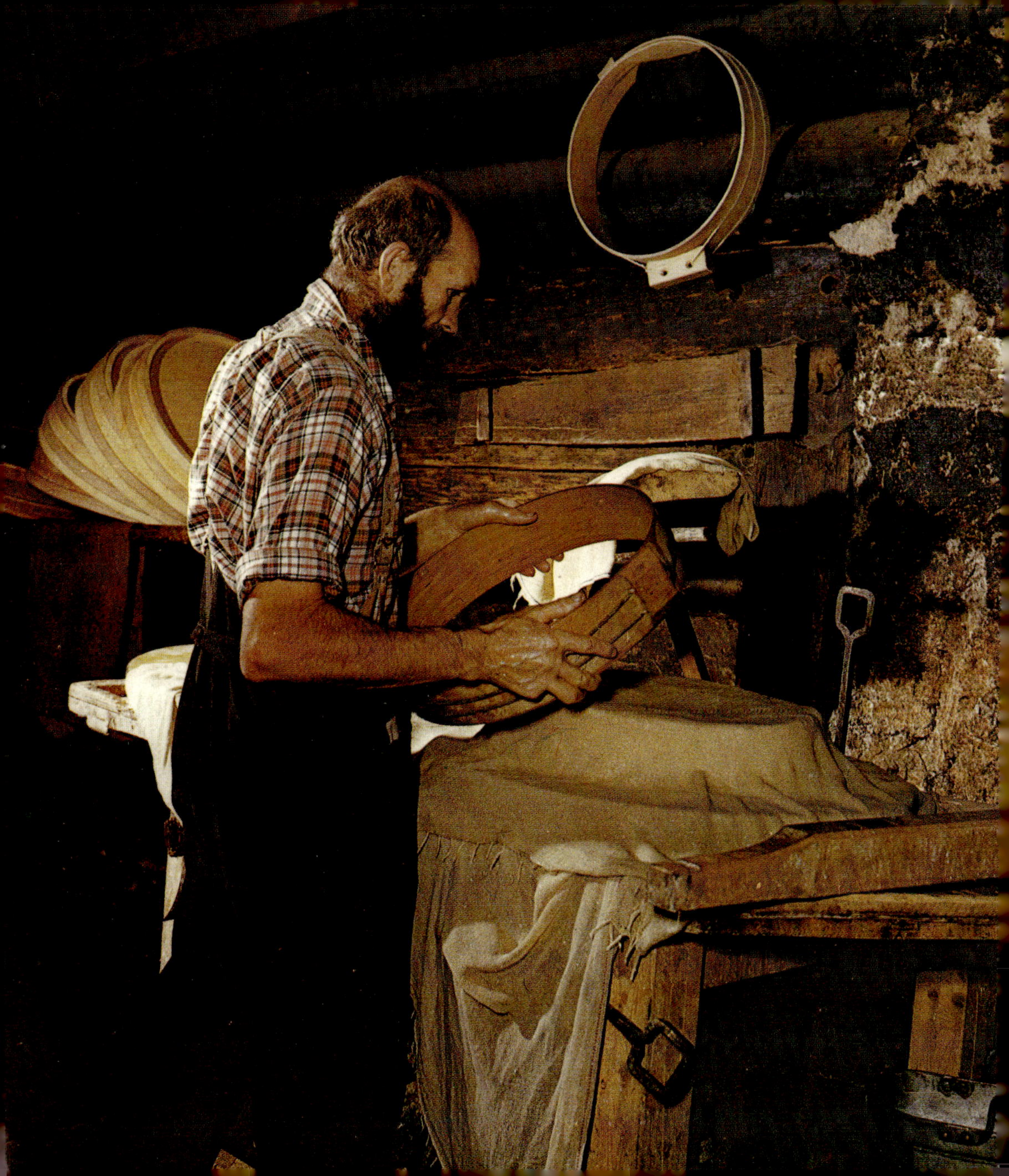

Wiesmahd und Joggesen im Heumonat

Mit vollem Recht bezeichnet man im bäuerlichen Sprachgebrauch den Monat Juli als „Heumonat". Es ist noch gar nicht lange her, daß man zu diesem Zeitpunkt vier, fünf Wochen lang Tag für Tag am frühen Morgen oder gegen Abend zu das Klopfen des „Danglhammer" (Dengelhammer) hören konnte. Auf dem Dengelstock (mittelhochdeutsch „tengelen" = klopfen oder hämmern) muß das Schnittgerät oder Schneidewerkzeug zur Wiesmahd, vor allem Sense und Sichel, mit dem Dengelhammer geschärft werden. Das in den Klotz oder Stock getriebene Eisenstück nennt man „Roneisen" (vom mhd. „ron" = Strunk oder Klotz). Im Gebirge ist dieses Gerät in Form der Schmotz (Schmatze) üblich; dieser gleichsam transportable Dengelstock ist für den Bergbauern beim Mähen der weitabgelegenen, steilen Bergmähder notwendig. Der Name „Schmotz" ist welscher Herkunft (Smozza = Klotz oder Stumpf). Übrigens trägt der Mahder seinen Wetzstein im Kumpf (vom mhd. kumpf = Gefäßstumpf), der meistens aus Holz gearbeitet ist, bei der Wiesmahd stets mit sich.

Am Nachmittag jedes schönen Julitages rumpelten die vollbeladenen Heuwägen über die „Tennbruck'n", nachdem zuerst im Tal die Egartn, darauf die das Zwischenheu liefernden „Wies'n" gemäht wurden. Nach der Wiesmahd wurde auf den Waldwiesen „Heu g'macht", und zuletzt auf dem Almen. Auch in der modernen technisierten Landwirtschaft unserer Tage ist der Einsatz von Maschinen nicht überall möglich; das Rauschen der Sensen durch das taufrische Gras ist noch nicht gänzlich verklungen. Vor dem Anwesen steckt in einer Baumwurzel oder einem großen Stein das Dangleis'n, das zum Schutz vor Regen manchmal mit einer „Kapp'n" überdeckt ist. Zum Dengeln wird die Sense gewöhnlich „abgschlag'n", vom „Warp" (Stiel) herabgeschlagen. Wetzen hingegen darf man nicht am Abend; das geschieht beim ersten Mah'n am Morgen. Das Sensenblatt konnte mit Holzzwickeln je nach Bedarf eingetrieben werden. Wenn das Blatt eingestellt wurde, lehnte man die Sense oder „Segis" an die Wand, und die Lage der „Schneid" (Schneide) konnte am wurfnahen Ende an der Wand markiert werden. Die Sense war dann richtig eingestellt, wenn ihre Spitze etwas tiefer als der Markierungspunkt lag. Den „Wetzstoakumpf" (Behälter) hat der Bauer hinten an der rechten Seite des Gürtels eingehängt; er enthält meistens einen härteren und einen weicheren Wetzstein, und außen am Kumpf steckt im „Streicherloch" der „Streicher" (Wetzstahl), mit dem man den „Dengl" ausstreicht, wenn er sich „umbuckelt" oder gar „ausbroch'n" ist, weil der Mäher an einen Stein geriet. Von Zeit zu Zeit muß man Wasser nachgießen, damit die Wetzsteine feucht bleiben. Bei der Wiesmahd galt früher, als es auf den Höfen noch genügend Ehhalten gab, folgende Arbeitsordnung: zuerst mähte der Oberknecht vor, dann kamen die anderen Knechte, als letzter der „Schickbua", und den Beschluß machte der Bauer. Die Weiberleut' mußten hinter den Mahdern „Mahd'n strahn" oder „schütt'n", also das Gemähte lockern oder zu langen breiten Streifen zusammenrechen. Bei richtiger Julihitze, wenn das Gras am nächsten Vormittag schon „rauscht", wird es mit dem Rechen umgekehrt, und nach dem Mittagessen beginnt man zu „Heug'n". Beim Aufladen auf den Heuwagen muß einer „auffigeb'n", während ein anderer „Fuada faßt". Die Frauen müssen inzwischen mit einem Rechen, der mehr Zähne hat und leichter ist als der gewöhnliche, „z'sammarechn", das letzte Heu zusammenholen.

Wenn ein Fuder fertig ist, der „Wischbam" daraufgelegt und niedergebunden wurde, wird noch mit dem Rechen „abgstrahlt", damit kein Heu herabhängen kann, und dann geht's in den „Tenna". Wenn man mit Regen rechnen muß und das Heu halbdürr ist, macht man „Schöberl", und zwar möglichst große, damit das Heu nicht zu stark ausbleicht. Das längere Egartngras und der Klee, die nicht so rasch dorren, werden auf „Hiefler" gegeben. Hiefler (auch „Hoanz'n" oder „Stiefler") sind naturgewachsene, dünne Nadelholzstämmchen mit stehengelassenen Astsprossen, die zum Trocknen von Heu oder Getreide in langen

Schnitter mit zwei Frauen. Holzschnitt aus Petrarca's Trostspiegel, 1532

Reihen in den Wiesen eingeschlagen werden. Hiefler mit durchgesteckten Querhölzern überwiegen im alemannischen Alpengebiet. Dem Hiefler, auf den die Getreidegarben geschobert wurden, kam seit dem 16. Jahrhundert in Zehentordnungen der Begriff eines Maßes zu. Frühheu und das leichte Grummet werden im Stubaital „auig'stiflt", im Mürztal (Steiermark) kommt das Heu auf die „Hiefler", im Ötztal (Oberinntal) auf die „Stangger", im Passeier spricht man von „Gorgger" und im Pustertal von „Raggler", und alle meinen die gleiche Gerüstform bei der Heuarbeit. Mit einem Eisenstab wird ein Loch in den Boden gestoßen und der Hiefler so weit in die Erde gesteckt, daß die untersten Aststummel auf dem Rasen aufliegen. Nun werden sie fest niedergeklopft, damit später der Wind den beladenen Hiefler nicht umblasen kann. Ist das

Sennen

Gras dürr geworden, werden die Hiefler „abg'schüttet": man trägt sie samt dem Heu in die Städel oder man wirft sie auf dem Felde nieder und trägt das Heu in Seilbürden in die Scheune. Das Mähen des starren Almgrases, die „Almmahd", ist anstrengend; es ist nur möglich, wenn das Gras feucht ist. Am frühesten Morgen ist man schon beim Mähen; wenn die Sonne höher ist, wird das Mähen immer schwerer. Sobald das am Vormittag gemähte Heu schon ziemlich ausgetrocknet ist, geht es an's „Heug'n". Welchen Wert man dem Almheu zumißt, geht aus folgendem Bauernspruch hervor: „'s Heidelbeer-G'strauchats vo' da Heah (Höhe) ist soviel wert, wia bein' Land da Klea (Klee)". Das kleinste Stäudl Gras wurde sorgsam abgemäht; mehrere Schwoagerinnen machten sich gemeinsam an die Arbeit des „Gleck schneid'n", und das wenige Wildheu wurde sorgfältig im „Glecktuach" aus den Steilhängen geborgen. Damit gewann man das „leckere"

Futter zum Einstallen. Übrigens wird das heute noch auf vielen steirischen Almen so gemacht.

Zu Jakobi (25. Juli) ist die schönste Zeit im ganzen Almsommer. Die weiten Almhänge sind mit üppigem Grün bekleidet und die verschiedenerlei Almblumen stehen in voller Blüte. Es ist die „hoachi Zeit" des Almsommers. Mit Jakobi ist auch ein ruhiger Tag inmitten der harten Heuarbeit für Almbauern und Schwoagerinnen gleichermaßen gekommen; denn der Jakobitag ist seit altersher im bäuerlichen Arbeitsjahr der herkömmliche Almbesuchstag, der „Joggesen" oder „Jakobsen" genannt wird. Bauer und Bäuerin besuchen ihre Almleut' und sehen, jetzt in der Mitte der Almweidezeit, nach ihrem Vieh.

In manchen Gegenden verbot es der Brauch, vor „Johannitag im Schnitt" mit dem Mähen zu beginnen. Die Besucher finden in diesem ungezwungenen Beisammensein vollen Ersatz für den oftmals sehr weiten und beschwerlichen Weg vom Heimgut bis zur Mitter- oder Hochalm, der auch heute noch in vielen Fällen nicht mit dem Automobil oder Traktor zurückgelegt werden kann. Früher kam der Bauer an Jakobi mit dem Almwagerl, einem Fuhrwerk mit Roß und einem großmächtigen Butterkübel auf die Alm gefahren, um die bis dahin erzeugten Almprodukte, vor allem Butter und Almkäse, nach Hause zu schaffen. Dieses „Butterführ'n", wie es volkstümlich genannt wurde, wiederholte sich dann noch gegen Ende der Almzeit, um den „Kleinen Frauentag" (Mariä Geburt) herum und beim Almabtrieb. Wenn alle Neuigkeiten aus dem Dorf unten ausführlich erzählt sind, geht es an das sogenannte „Milchmessen". In der altartigen Almwirtschaft benützte man früher ein gekerbtes Langholz zum Einstellen in den Sechter (Melkeimer), auf dem das Milchmaß für jede Kuh vermerkt war. Das Milchmessen ist um Jakobi am ergiebigsten.

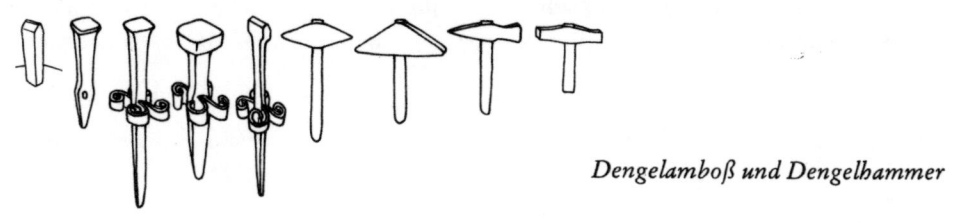

Dengelamboß und Dengelhammer

Kult und Brauch im Juli

Im 14. Jahrhundert wurde der 2. Juli zur Erinnerung an den Tag, da Maria über das Gebirge ging, um ihre Base Elisabeth zu besuchen, als kirchlicher Festtag angeordnet, und seit altersher gilt „Mariä Heimsuchung" als wichtiger Wetterlostag. Früher wurden an diesem Tag Rosenkränze und Haselzweige an die Fenster gehängt, um alle Unwetter abzuwehren. Wenn der Westwind dunkles Gewölk auftürmt und das erste ferne Donnergrollen zu hören ist, richten Bauer und Knecht in der Steiermark das „Wetterfeuer" her; Astholz und dürres Reisig werden einige Schritte vom Haus entfernt zu einem Brandhaufen geformt, dazu kommen ein paar Zweige vom Palmbosch'n, eine Nessel vom Haferfeld und eine „Oanhanggn", eine Eberwurz, die als sehr wichtige Pflanze gegen bösen Zauber angesehen wird. Oben auf den Brandhaufen kommt dann zuletzt noch eine Schaufel Schweinemist. Nun wird der Haufen entzündet und soll dem steirischen Volksglauben nach alle bösen Unwetter abwenden und unwirksam machen.

Vom heiligen Ulrich, dessen Patrozinium am 4. Juli ist, geht die Sage, daß er als Glaubensbote und Schutzpatron des Grödentales die dortige Gegend von Ratten befreit haben soll. St. Ulrich geweihte Brunnen sollen auch in heißesten Sommern nie versiegen. Wer aus dem vom hl. Ulrich in der Messe im Schloß Firmian zu Tirol gebrauchten Silberkelch trank, soll von allen Ängsten befreit worden sein. Das sogenannte Ulrichspflaster ist ein altes Badermittel gegen vielerlei Schmerzen. Ein bekanntes Ulrichsfest findet alljährlich im steirischen Ulrichsbrunn bei Andritz statt; um den Ulrichsquell lagern sich zwischen Schankbuden und Devotionalienständen die zahlreichen Pilger, um von der Quelle zu trinken. Die germanische Vorstellung, daß göttliche Wesen Quellen und Brunnen beschützen würden, übertrug das Christentum in den Heiligenkult.

Am 10. Juli, dem sogenannten „Siebenschläfer-Tag", soll man altem Volksglauben zufolge Eiskraut gegen Kopfschmerzen und Schlafsucht einbringen. Der Legende nach haben sieben Brüder 176 Jahre in einer Höhle geschlafen;

der Siebenschläfertag wurde zum Wetterlostag, dessen Wetter für die kommenden sieben Wochen bestimmend sein soll.

Die Monatsmitte gilt anhand generationenalter Wetterbeobachtungen von Bauern und Hirten als Hauptzeit der Sommergewitter und Hagelwetter; besonders gefährdet ist das Almvieh, das ein kommendes Gewitter vorzeitig spürt. Dem Volksglauben nach soll man bei drohenden Gewittern die Eggen mit den Zähnen nach oben auf die Felder legen, damit die Wetterhexen durch die Spitzen abgewehrt würden. Donar, der germanische Wettergott und Himmelsherr, besaß bis zur Zeit der Christianisierung die meisten Heiligtümer. In manchen Wetterbräuchen lebt heute noch unbewußt oder in christlicher Form seine Gestalt fort. Neben der geweihten schwarzen Wetterkerze sind viele Pflanzen als „Donnerblumen" im Volk bekannt; alte Bauern sagen heute noch „es donard", wenn es bei einem Sommergewitter „donnert"!

Der 20. Juli ist der heiligen Kümmernis, der Patronin der Augenleidenden, geweiht; ihr Bild zeigt eine in schöne Gewänder gehüllte Frauengestalt, meist mit Bart und Krone und ausgestreckten Armen am Kreuzbalken hängend. Nach der Legende soll die Tochter eines portugiesischen Königs ihrer nichtchristlichen Verheiratung nur dadurch entronnen sein, daß sie sich von Gott einen verunstaltenden Bart erflehte. Ihr heidnischer Vater ließ sie zornentbrannt über ihren Ungehorsam ans Kreuz schlagen. Von den Frauen wurde Wilgefortis, wie lateinische Quellen sie als „virgo fortis" (tapfere Jungfrau) bezeichnen, wegen „der Mannderleut" angerufen. Sankt Kümmernis wird vor allem an Waldkultstätten, oft bei Buchen und Linden, verehrt. Ebenfalls am 20. Juli wird die heilige Margarete, die vom Drachen befreite Jungfrau, verehrt. Zu Margaretenkirchen wallfahrten Frauen, die besonders schöne Kinder bekommen möchten. Margarete wurde besonders zur Patronin der Bauern, da nach einer Bestimmung des „Sachsenspiegels" vom Beginn des 13. Jahrhunderts ab demjenigen der Ertrag der Felder zustand, der bis zum Margaretentag seine Ackerbestellung beendet hatte. Sankt Margareta wird auch von Hirten und Sennern verehrt, da sie der Überlieferung nach von ihrem Vater, einem Heidenpriester, zum Viehhüten gezwungen wurde. Im Volksmund der Alpenländer muß sich Margarete, wie viele Heilige, die an die Stelle heidnischer Gottheiten traten, wegen ihrer Vorliebe für Regenwetter den Beinamen „Heubrunzerin" gefallen lassen.

Seit Bestehen des Weinbaues ist die Macht der Rebenschädlinge ein beständig drohendes Unheil für den Weinbauern geblieben. Die Reblaus beispielsweise spielte schon im Altertum, als der Wein Kultur und Leben der Völker maßgeblich mitprägte, eine allgemein bewegende Rolle. Eine gewisse Hilflosigkeit der Menschheit gegenüber den Rebenschädlingen stärkte wohl das Bedürfnis, sich mit diesem Problem hilfesuchend an die Gottheit zu wenden. Im 17. Jahrhundert errichtete man in den Weinbergen religiöse Zeichen, auf denen das gefürchtete Ungeziefer bildlich dargestellt war. Beispielsweise steht heute noch auf dem Hengsberg bei Klosterneuburg das sogenannte „Käferkreuz" zur Erinnerung an eine große Weinbergnot. Es trägt die Inschrift: Vor Schauer, Khefer, Pestilenz und Feindgefahr, o Herr, bewahre uns, das Land und die gesammte Christenschaar. Die Weinbauern und Weinhauer, die sich seinerzeit ganz der Natur ausgeliefert sahen, riefen aber in ihrer Not nicht nur den Herrgott und die Gottesmutter um Schutz gegen Unwetter und Weinbergschädlinge an, sie empfahlen ihre Arbeit und Sorge auch der Fürbitte bestimmter Heiliger, die sie als ihre ureigenen Schutzpatrone betrachteten. In den Augen der Weinbauern erlangten die meisten Heiligen durch ihr Martyrium eine symbolische Beziehung zum Wein. In der altchristlichen Mystik erblickte man im Wein das Blut der Traube als Symbol für das Blut der Martyrer, und sah in der Vernichtung der Weintraube in der Kelter das Sinnbild für die gewaltsame Zerstörung der leiblichen Gestalt des Martyrers. Auf vielen Heiligendarstellungen findet man daher die Rebe als Zeichen des Martertodes. Die „Weinheiligen" begleiten das Jahr des Weinbauern als mächtige Fürbitter der Weingärten. In das letzte Drittel des Monats Juli, wenn die „Traube kocht", fällt die heilige Weinbergwacht am 22. Juli auf Maria Magdalena, deren Patronatsfest an diesem Tag begangen wird. Magdalena, der treuen Begleiterin Christi, wurde nicht nur das Patronat der Weinbauern, sondern auch der Weinhändler übertragen. Ihre Beziehung zum Wein ist symbolisch; sie entspringt wahrscheinlich ihrer engen Gemeinschaft und tiefen Liebe zu Christus, der „großen für uns zerdrückten Traube", wie

Perglwerk

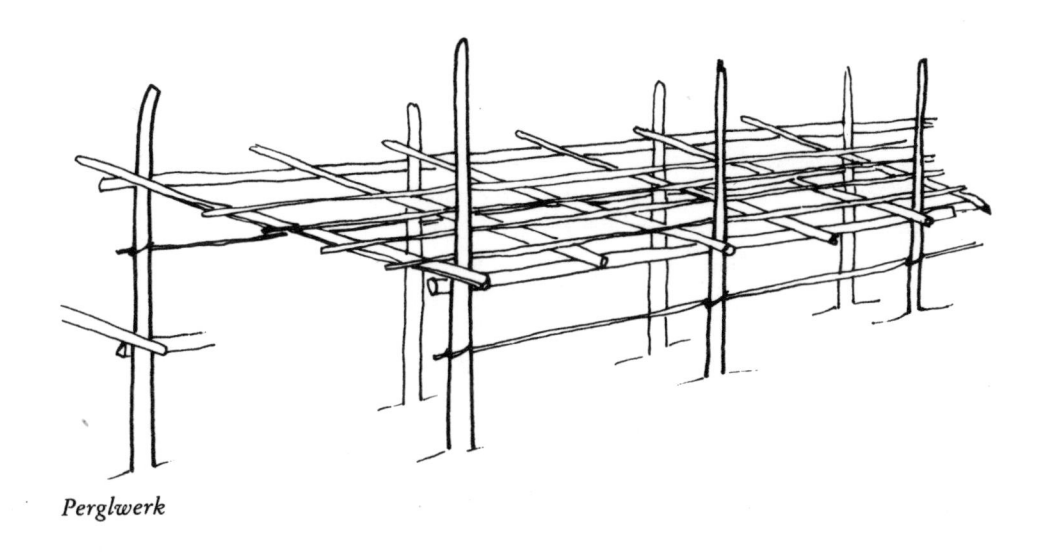

die Mystik es formuliert. Am 25. Juli wird ein sehr volkstümlicher Heiliger, der Wetterherr Sankt Jakobus, gefeiert. Der Jakobstag wird als „Jakobi im Schnitt" bezeichnet und gilt als Wetterlostag für die Ernte. Eine alte Weinhauerregel verdeutlicht dies: Wenn es an Jakobi regnet, ist der Wein nicht sehr gesegnet. Herrscht am Jakobitag große Trockenheit, rechnen die Weinbauern mit einem strengen Winter. Ebenfalls am 25. Juli feierten früher die Weinschiffer den heiligen Christophorus; da sie mit dem Weinbau in engem Kontakt standen – hatten doch viele Weinschiffer selbst Weinberge –, übertrug sich das Patronat des Heiligen auch auf sie. Der Weinhauer betrachtet den heiligen Christophorus vor allem als Schutzpatron gegen Hagelschlag, der Weinschiffer fleht bei Wassergefahr zu ihm um Hilfe und die Weinschröter verehrten seinerzeit in ihm den starken Lastenträger als Bruderschaftspatron. Die Legende und Verehrung des hl. Christophorus kam um 600 aus dem Orient zu uns; sein Attribut sind das Christuskind und der Stab. Besonders in den Alpenländern ist der Christophoruskult weit verbreitet, wenn man beispielsweise an die oft überlebensgroßen Bilder des Heiligen an Hauswänden und Kirchenmauern denkt, so am Arlberg und zu Sankt Jakob im Grödental. Auch als Pest- und Schatzgräberpatron wurde Christophorus (griech. Christos pherein = Christusträger) in Kapellen, die im Mittelalter meist an verkehrsreichen Straßen lagen, um Hilfe und Beistand angegangen. Die Salzachschiffer verehrten ihn darüber hinaus auch noch als Wasserpatron. In unseren Tagen liegt seine Bedeutung besonders in der Geltung als Schutzpatron der Automobilfahrer und Beschützer im Straßenverkehr. Am 31. Juli, dem Tag des hl. Ignatius von Loyola, hatte die Volksmedizin einige heilkräftige Pflanzen bereit: der Samen aus der strychninhältigen „Ignatiusbohne" wurde als wirksames Mittel gegen Fallsucht gegeben, und ein sogenanntes „Ignatiuswasser" war als Magenelixier weit verbreitet und geschätzt.

Bauern- und Wetterregeln im Juli

Regnet's an Mariä Heimgang, regnet's noch vier Wochen lang / Wenn es an St. Ulrich regnet, so regnet's in den Urhab-Kübel (Urhab = Sauerteig zum Brotbacken; gemeint ist, daß es schlechte Ernte geben wird, weil das Getreide schlechtes Mehl gibt) / Juliregen nimmt Erntesegen / St. Benedik' macht Zwiebeln dick / Hat Margaret' koan Sunnaschei', bringt das Heu nia truck'n ei' / Regen am Margaretentag, bringt viel Plag / Sankt Magdalen, mach's Wetter schön / Hundstäg' hell und klar, deuten auf ein gutes Jahr / An Jakobi vor dem Mittag frag an, was das Wetter vor Weihnächten tun kann, und wie das Wetter nach dem Mittag ist, so ist es zu Weihnächten gewiß / Juliregen nimmt den Erntesegen.

Kornschnitt und Bergheutragen im Erntemonat

Die schriftdeutsche Bezeichnung August geht auf den römischen Kaiser Octavius Augustus zurück; wie berechtigt der seit mehr als einem Jahrtausend nachweisbare volkstümliche Name Erntemonat, nach dem althochdeutschen „Aranmanoth", für diesen Monat ist, wird einem richtig klar, wenn man die Bauernarbeit dieses Zeitabschnittes betrachtet.

Die Bäuerinnen haben daheim im Hausgarten allerlei zu tun; sie werkeln im Krautgartl, binden die Mohnstengel zusammen (Kärntner Nockgebiet), nachdem die Blüten abgefallen sind, oder klauben im Garten die „Ribiselen" von den Stauden und sieden die Hollerbeeren ein. Wenn der Winterroggen, früher auch die Gerste, schon reif geworden ist, beginnen sie eines Tages mit dem Getreideschnitt. Aber zuvor wird noch einige Tage mit den Kindern in die Schwarzbeeren (Heidelbeeren) gegangen, um mit dem Rifflkamm die Beeren einzusammeln. Das Getreide wurde bis vor wenigen Dezennien vielerorts im Gebirge mit der Sichel geschnitten; auch heute bedient man sich noch vielfach ihrer, obwohl schon in fast allen Scheunen Erntemaschinen stehen, die aber nicht in jedem Gelände einsetzbar sind. Wenn das Getreide nicht „aufsteaht", wenn es „wia a Brett" vom Wind oder Regen niedergedrückt ist, muß halt die Sichel herhalten, auch wenn das Schneiden mit ihr eine „kreuzwehige" Arbeit ist. Während der Erntezeit wird täglich morgens gedengelt und wiederholt gewetzt, und zwar von einem Schnitter, der dann der Schnitterin seine Sichel überläßt, damit keine Arbeitsunterbrechung entsteht. Zunächst wird mit ein bis drei Schnitten das „Band" geschnitten, „stroaft's aus" (streift es aus, damit es nur aus bloßem Stroh besteht), „macht" das Band und legt es nieder. Nun wird etwa ein bis zwei Meter vornehin hineingehackt, sodann „hinerg'hackt" oder „Garb'n g'hackt", das bedeutet, daß man weiter drinnen zurückhackt, wobei mit der Hand das erste Büschel erfaßt und mit dem Daumen festgehalten wird. Mit den übrigen Fingern werden die anderen Halme erfaßt, die man mit der Sichel „zuawaziagt" (herzieht). Die Garbe soll schön auseinander fallen, wenn man sie auf das Band legt; beim Binden wird sie unter das Knie gehalten und fest zusammengezogen. Ist die Garbe gebunden, wird sie niedergelegt und „ausg'schneuzt" (Halme, die nicht im Band sind, werden herausgezogen). In einigen Alpenländern stellt man sechs Garben zu einer „Tock'n" zusammen; fünf bilden die „Füaß", die sechste den „Huat". Diese „Huatgarb'n" wird nahe dem Garbenkopf geknickt und so gelegt, daß der Kopf abwärts gerichtet ist. Wenn es viel regnet, werden die Garben auf Hiefler gesteckt, vor allem dann, wenn in das Getreide Klee eingesät worden ist, der bei längerem schlechtem Wetter verderben könnte. Roggen und Hafer sollen lange „getöckelt" auf dem Feld bleiben; der „Woaz" kann schon bald eingeführt werden, der Hafer hingegen noch lange nicht. Früher wurden beim „Ei'führn" (Einbringen in den Stadel) die Garben auf den vierrädrigen Leiterwagen vom Moarknecht aufgelegt, wo sie wie ein Fuder Heu niedergebunden wurden. Noch während der Zeit des Getreideschnittes wird einige Tage der Winterroggen gebaut; das nehmen sich die Bauersleut' gewöhnlich bei trübem oder nassem Wetter vor. Ebenfalls im Schnitt wird das Grumet gemäht und gerecht, soweit dies heute nicht auch die Maschinen besorgt. Bis vor kurzem noch wurde das Getreide in den meisten Landschaften mit der Sense geschnitten. Der Sensenwurf hatte zwei Handgriffe, „G'windl" genannt, die meist von den Bauern selbst aus winkelförmigen Aststücken gefertigt wurden. Der Kornschnitt ist heute noch eine Gemeinschaftsarbeit; nach alter bäuerlicher Arbeitsordnung gehörten zu jedem Mahder zwei Aufheber, meistens Frauen, und ein Garbenbinder. Sie bestimmten selbst den Arbeitsablauf. Damit bei Scheunenlagerung möglichst viel „Troad" hineinging, ließ man früher Gerste und Hafer von einer Kuh zusammentreten. Das ging so vor sich: eine Fuhr wurde abgeladen und angelegt; ein Knecht ging mit dem Tier so lange in der Scheune herum, bis die nächste Fuhre angerollt kam. Auch diese Fuhre wurde angelegt

Ernteleben. Holzschnitt, 16. Jh.

und zusammengetreten. Das ging so lange fort, bis die Kuh nahe am First stand. Nun wurde eine Getreidefuhre schief aufgeschüttet und die Kuh konnte langsam herabrutschen. Beim Hafer wurde in halber Vorratshöhe ein kleines Holzschaff mit Schott'n (Topfen) aufgestellt und darüber weiter aufgeschichtet. Wenn man in den letzten Herbsttagen beim Dreschen auf das Holzschaff stieß, wußte man, daß die Hälfte des Getreides abgearbeitet war.

Das Einbringen des Bergheues ist ergiebig, aber auch recht mühsam. Bringt der Bergbauer sein Heu zu den Städeln, verwendet er verschiedene Traggeräte: ein „Soal" (Seil) mit Kloben, Heutücher, Heunetze, „Furgln" (Traghölzer in Rahmenform) und Tragstöcke. Wo es das steile Gelände an den Almhängen erlaubt, wird das Bergheu auf Fichtenäste geschichtet und zur Hütte gezogen, in steilem Gelände wird es „ochng'walgt" (heruntergerollt). Im Tuxer Tal beispielsweise wird beim Heutragen auf den Berghängen erst einmal ein „Klob'n", eine Holzschlaufe mit einem zugespitzten, leicht gebogenen Ende, fest in den Boden gesteckt, und ein Heuseil hangaufwärts doppelt ausgelegt. Nach dem Zusammenrechen wird das Heu gleichmäßig zu beiden Seiten des Seiles aufgelegt. Der Bauer hängt die Seilenden in den Kloben ein, zieht fest zusammen und bindet auf diese Weise das ganze Heupaket, das er dann hochkantig aufstellt. Dieses an die neunzig Kilogramm schwere Heubündel wird aus dem Sitzen über einbeiniges Knien in den Stand gehoben und zum Heustadel oder Futterstall getragen. Im Stubaital (Nordtirol) wird das Frühheu und leichtere Grumet im August bei unsicherem Wetter auf Heinzen gehängt. Zur Aufbewahrung des Winterheues findet man in verschiedenen Landesteilen Tirols und des Salzburger Landes Feldstadel, die zugleich als Futterstall dienen. Zu ebener Erde befindet sich der Stall mit den Futterständen, vereinzelt noch als altartiger sogenannter „Umadum-Stall", in dem das Vieh frei in den Boxen herumlaufen kann und in der Stallmitte die Futterkrippe findet. Eine Stiege führt in die darüber liegende Scheune. Hier wird das Heu eingelagert und im Winter das Jungvieh dorthin gebracht, wo es so lange verbleibt, bis der Heuvorrat aufgebraucht ist. Wenn an heißen Augusttagen die Sonne geradezu herunterbrennt, ist der Bauer um ein sogenanntes „Gainzl" recht froh. Als Gainzl bezeichnet man im Unterinntal die Strohhüte, die bei der Feldarbeit vorzugsweise von den Frauen getragen werden. Diese Hüte haben eine niedere Form mit umgeschlagener oder hängender Krempe und als Zierat eine rotfärbige Borte mit kleiner Blumenstickerei. Übrigens werden die Gainzl schon seit längerer Zeit auch als leichte und zudem schmucke sommerliche Kopfbedeckung von Sommergästen viel getragen.

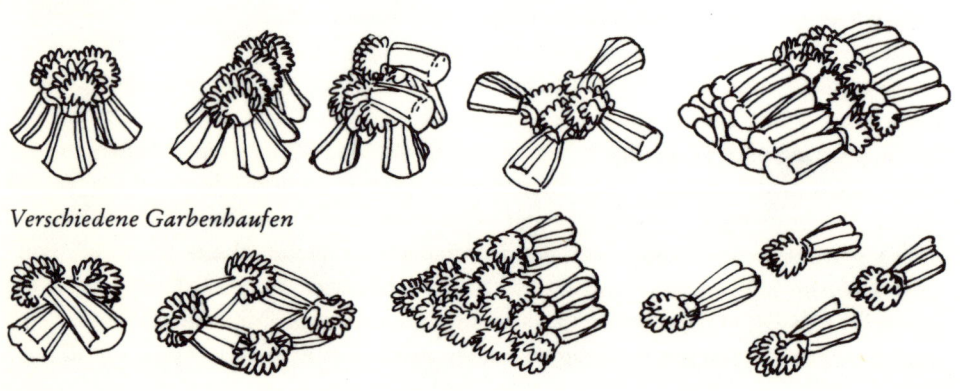

Verschiedene Garbenhaufen

Kult und Brauch im August

Altem Volksglauben zufolge beginnt dieser Monat mit einem Unglückstag, an dem der Teufel aus dem Himmel geworfen wurde. Die Volksmedizin empfiehlt in der ersten Augustwoche Baldrian zu sammeln und zu trocknen, da diese Heilpflanze zu diesem Zeitpunkt drei Jahre ihre Wirkung behält. Gute Heilkraft haben jetzt auch Rittersporn, Wohlgemuth und roter und weißer Beifuß. Am St.-Oswalds-Tag (5. August) werden heute noch vereinzelt Schauerkreuze gegen Hagelschlag aufgestellt. Sankt Oswald gilt als Herr der Schnitter und Mahder; als Viehpatron mit der heiligen Oswaldgarbe wird er häufig in hochgelegenen Kapellen in den Bergen verehrt. Im Lungau, in Tamsweg, findet an diesem Tag der Samsonumzug statt. Am Vorabend wird der „Samson", eine acht Meter hohe und siebzig Kilogramm schwere Puppe, die den Samson in abenteuerlicher Uniform und Säbel, in Anlehnung an den biblischen Samson mit Eselskinnbacke darstellend, unter Musikbegleitung zum Pfarrhof getragen; am Nachmittag des 5. August beginnt der Samsonumzug, bei dem unter Begleitung der Prangerschützen ein Holzbild des heiligen Oswald mitgetragen wird. Schon seit dem Mittelalter gilt dieser Umzug und nachfolgende Tanz mit dem Riesen als Symbol der Tapferkeit und Kraft. Es sind wohl auch Überreste des alten „Todaustragen" und etwas vom keltischen Brauch der tanzenden Riesen in diesem Volksschauspiel enthalten. Ebenfalls am 5. August wird Mariä Schnee gedacht: sie bewahrt vor Wassernot und galt im alten Volksglauben als Beherrscherin der Wolken.

Das Attribut des heiligen Laurentius, dessen Patrozinium am 10. August ist, stellt einen Rost dar und hat seinen Ursprung in der Legende seines Martertodes auf glühendem Feuerrost. Seine vor allem bäuerliche Volkstümlichkeit bezeugen Wetterregeln und seine häufige Namensgebung als Taufname. Laurentius wurde zum Patron der Kohlenbrenner und aller mit Feuer beschäftigten Berufe. Altem Volksglauben nach soll man am Laurenzitag zwölf Uhr mittags in einem Winkel des Gartens die Erde aufgraben, und man wird Kohlen finden, die ein sicheres Mittel gegen Verhexung und Brandwunden sein sollen; Laurentius tritt auch in alten Brandsegen auf. Nach Laurenzi wächst das Holz nicht mehr, und zu diesem Zeitpunkt häufig zu sehende Sternschnuppen heißt man in der Steiermark „Laurentius-Tränen".

Nach Wochen harter Arbeit für die Bauernleut' ist die Ernte gegen Mitte August nun vorbei. Wenn sie um diese Zeit einen Feiertag halten, „Mariä Himmelfahrt" am 15. August nämlich, sind wir auch schon an der Neige des Hochsommers angekommen. Laut Volksglauben blühen am „Auffahrtstag Mariä" die Kräuter am schönsten, ja am „Wurzweihtag", dem Tag der Kräuterweihe, sind sie am heilkräftigsten und werden von alt und jung in das Gotteshaus gebracht, um sie weihen zu lassen. Ein paar Tage vor dem Marienfest gehen Bäuerinnen und Bauernmädchen zum Kräutersammeln, und jedes möchte den schönsten und reichhältigsten Kräuterbusch'n nach Hause bringen. Vor 150 bis 200 Jahren bedeutete das Kräuter- und Blumensammeln eine viel mühevollere Arbeit als in unserer Zeit; waren es doch früher 77 Kräuter, die gefunden und eingebracht werden mußten. Heute finden wir meist, von der alten Brauchübung abweichend, 21 oder 15 verschiedene Kräuter in den geweihten Boschen. Aber 9 Kräuter, Grundkräuter möchte man sagen, sind in jedem Bund enthalten: Sonnwend- oder Johanniskraut und Tausendguldenkraut, Meisterwurz und Wermut, Schafgarbe und Wohlmut, Pfefferminze, Kamille und Holler. Inmitten all des blühenden und duftenden Gottessegens steckt noch die Königskerze, auch Wetterkerze genannt. Im Allgäu nennt man den Kräuterbusch'n „Sangenbüschl", weil die geweihten Pflanzen zum Versengen beim häuslichen Ausräuchern dienen. Außer den schon erwähnten Pflanzen finden wir allerlei beischmückende Gewächse, wie blühenden Flachs, Schilfkolben, Zweige vom Vogelbeerbaum und Ähren von allen Getreidesorten. Interessant ist, daß der Volksglaube das Zusammenbinden der ausgewählten Kräuter und Pflanzen seit eh und je nur mit weißgrünem Bandgras gestattet. Bei den Kräutern, die im Büschel enthalten sind, handelt es sich immer um Heilpflanzen; der bäuerliche Mensch weiß seit Jahrhunderten aus seiner Naturkenntnis um die heilenden Kräfte vieler Pflanzen für Mensch und Tier. Gerade um diese Jahreszeit sind die verschiedenerlei Kräuter so richtig im Saft und entwickeln ihre ganze Heilkraft. Die Zeit des sogenannten „Frauendreißigers", auf den wir noch zu sprechen kommen, gilt im Volksglauben als

Wetzsteinkumpfe aus Südtirol. Tiroler Volkskunstmuseum

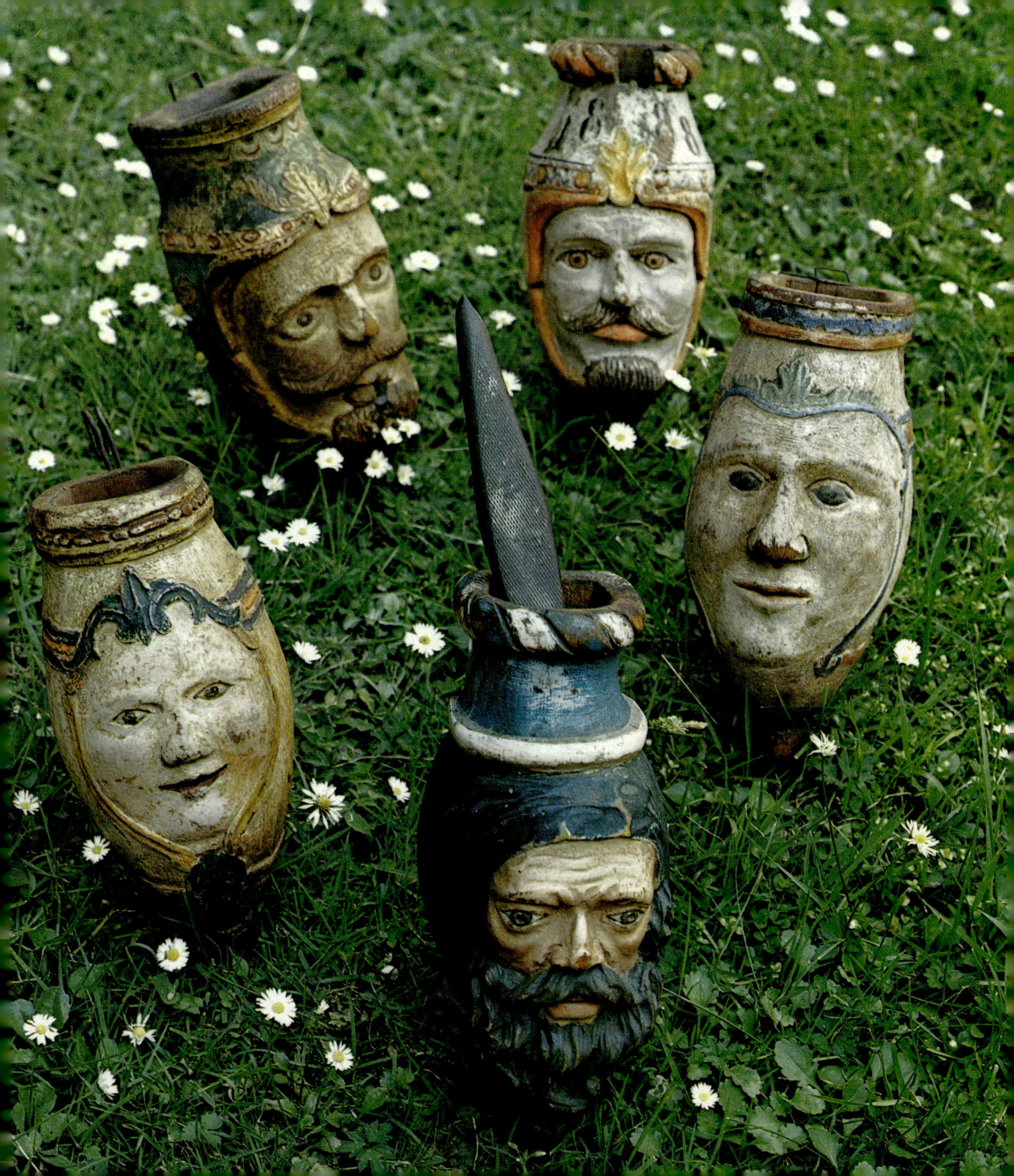

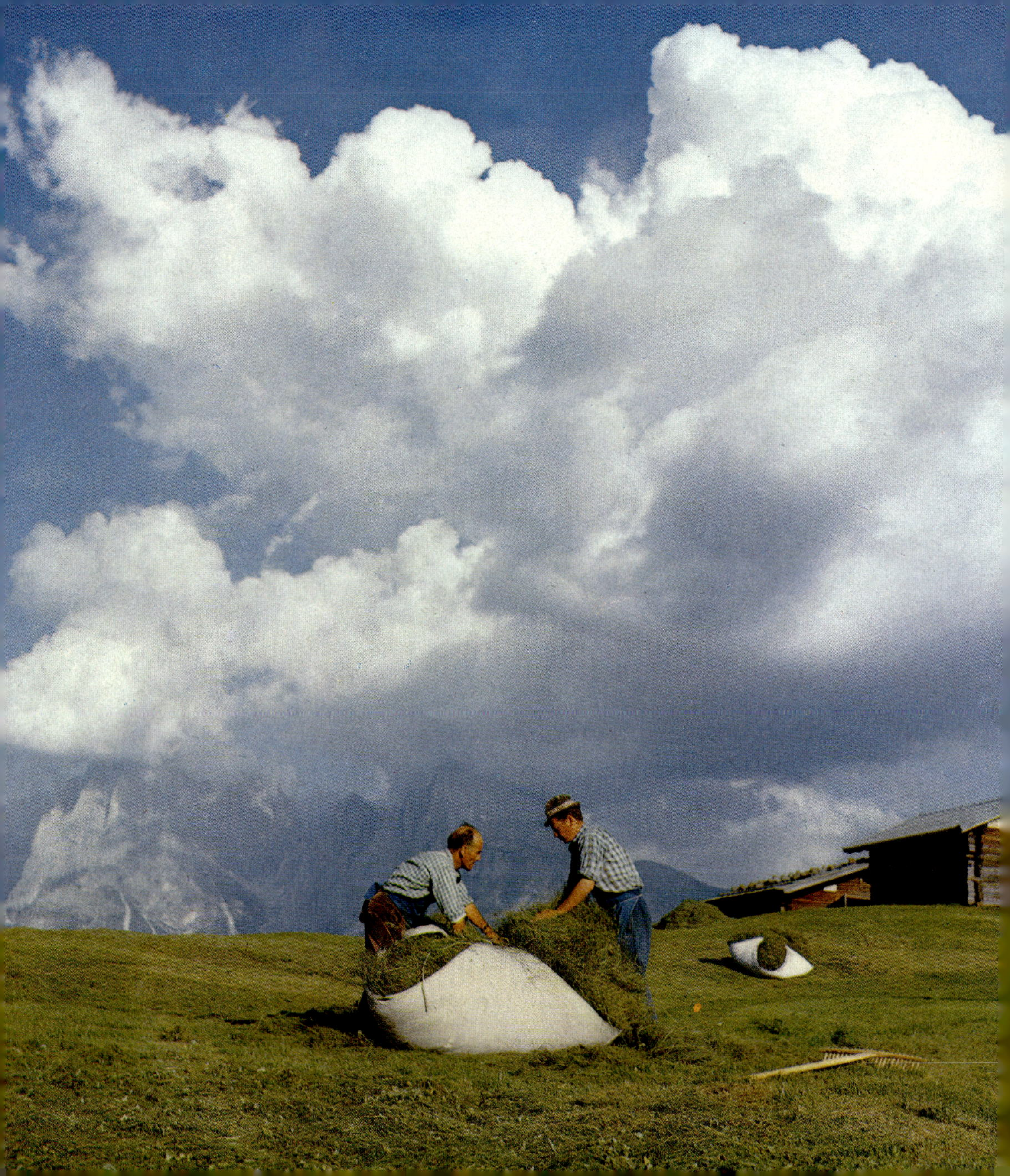

Johannis-, Tausendguldenkraut, Wermut, Schafgarbe, Königskerze, Minze, Kamille, Holler

eine dem Menschen besonders freundliche und segensreiche Jahreszeit. Alles Giftige in Pflanzen und Tieren soll seine Schärfe verlieren, alle Heilkräfte hingegen seien dreifach so stark und wirksam, belehrt uns der Volksglaube. Interessant ist, daß die Kirche, die den Kräuterbusch'n und die Kräuterweihe in den Kreis des Jahresbrauchtums miteinbezogen hat, vor nicht ganz 1200 Jahren eben diesen Brauch der Kräutersegnung verbot, ja sogar bekämpfte. In einem „Anzeiger abergläubischer und heidnischer Gebräuche", Pfälzer Codex Nr. 677 Indiculus superstitionum et paganiarum aus der Synode von Liftinae im Jahre 743 post Christum natum, findet man dieses Verbot. Aber wir dürfen nun schon lange wieder nach der kirchlichen Weihe unseren Kräuterbosch'n über der Stubentüre, im Herrgottswinkel oder im Stall aufbewahren. Der alte Volksglaube meint, man solle bei nahenden Gewittern oder Unwettern einige Kräuter aus dem Bosch'n ziehen und in das Herdfeuer geben, damit das Haus vor Schaden bewahrt werde. Erkrankt ein Tier im Stall, so wird etwas Geweihtes in das Futter getan. Ein geweihter Kräuterbosch'n gibt das ganze Jahr seinen Segen über Haus und Hof.

An Mariä Himmelfahrt beginnt der „Frauendreißiger"; so wird der Zeitabschnitt vom großen bis zum kleinen Frauentag, vom 15. August bis zum 8. September, mit der dazugehörigen Oktav seit altersher bezeichnet. Der Brauch geht nach volksreligiöser Forschung auf eine germanische dreißigtägige Fastenzeit zurück, die als ein Fruchtbarkeitsopfer anläßlich der Erntefeste begangen wurde.

Heuernte auf der Seiser Alm, Südtirol

Da bei den Germanen die Erntefeste vielfach mit dem 15. August zusammenfielen, habe man dann in der Folge den altchristlichen Todestag Mariens damit in Zusammenhang gebracht. Im Morgen- und Abendland wurde die Muttergottes schon sehr früh als Schützerin der Feldfrüchte verehrt; dies beweisen alte Muttergottes-Bilder, die die seligste Jungfrau im blauen, mit goldenen Ähren geschmückten Gewande darstellen und die wir im Mittelalter auf bairisch-österreichischem und norditalienischem Gebiet finden. Die Muttergottes im Ährenkleid wurde beispielsweise in einem Gnadenbild aus dem 15. Jahrhundert zu Piding verehrt, auch sei an die „Kornmutter von Ehrenburg" in Südtirol erinnert. Durch diese Verbindung des germanischen Erntedreißigers mit der Muttergottes wurde der volkstümlich bekannte Frauendreißiger, das heißt der dreißigste Tag vom Todes- oder Himmelfahrtstag Mariens an gerechnet, und der ganze Zeitabschnitt als Frauendreißigst benannt. Noch heute halten viele Bäuerinnen etwas auf die „Dreißigst-Eier" und auf die während der Frauentage ausgebrüteten Dreißigsthühner. In dieser Zeit gelegte Hühnereier sollen bis in den Winter, nur in Sand aufbewahrt, frisch bleiben.

Viele Gnadenstätten sind am Tag Mariä Himmelfahrt Ziel zahlreicher Wallfahrten und Prozessionen; eine Wallfahrt sei hier besonders erwähnt – es ist Österreichs und des gesamten Alpenlandes bekannteste Wallfahrt zum Gnadenort Mariazell in der Steiermark, der auch von Wallfahrern und Bittsuchenden aus Baiern, Schwaben und Franken stark besucht ist. Die Herkunft der Mariazeller Gottesmutter ist in Dunkel gehüllt; lediglich eine Sage weiß zu berichten, daß ein Mönch aus Sankt Lambrecht aus dem Holz eines Lindenbaumes eine Marienfigur, auf dem Throne sitzend mit dem Jesuskind auf dem Arm, geschnitzt haben solle. Im Jahre 1157 habe er die Statue, die damals schon wundertätig gewesen sein soll, bei seiner Missionstätigkeit in die Gegend von Mariazell mitgenommen. Seither wurde sie das Kleinod des Gnadenortes.

Im steirischen Weinland, in der Untersteiermark, im „Schilcherland", in der Gegend um Leibnitz und Radkersburg und in den Windischen Büheln wird am 15. August oder am Bartholomäustag, dem 24. August, der „Klapotetz" oder das Windradl in den Weingärten aufgestellt. Wenn der Wind kräftig weht, kann man weithin ihr Klappern und Knattern vernehmen, das Stare und andere Vögel von der köstlichen Traube fernhalten soll. Die Bauart des Klapotetz ist nach der Gegend oft recht verschieden; das eigentliche Windrad besteht meist aus vier bis acht schiefgestellten Flügeln, die fest in einer starken Welle verankert sind. An dieser Radwelle sind vier Hämmer befestigt, deren bewegliche Enden beim Drehen des Rades abwechselnd auf das Schlagbrett klopfen. Je nach Größe, Stärke und Holzart dieses Brettes ergeben sich hellere oder dunklere Töne. Als Windfahne dient ein Birkenbuschen. Die vielen Windräder im steirischen Weinland sind zudem für die Weinhauer der Gegend zu Wetterverkünder geworden, weil die Bauern aus dem Klang und aus der Tageszeit des Klapperns auf das kommende Wetter schließen können. Der Klapotetz bleibt in der Regel bis 30. Oktober oder Allerheiligen in den Weingärten stehen.

Am 16. August, dem Tag des Bauernheiligen Rochus, des Einsiedlers mit besonderer Heilkraft gegenüber den Tieren, der deshalb als Viehpatron verehrt und meist mit Pilgerstab oder Hund abgebildet wird, wurde in früheren Zeiten Vieh und Geflügel durch Herumführen oder Herumtragen um Sankt-Rochus-Kapellen dem Schutz des Heiligen unterstellt.

An Bartholomä fängt es an zu herbst'n, da hören die Fische auf der Länge nach zu wachsen und setzen nur mehr in der Dicke zu. So sagen die Fischer vom Sankt-Bartholomäus-Tag, dem 24. August. Dieser Zeitpunkt bringt auch das Ende der sogenannten Hundstage. Der Apostel und Martyrer Bartholomäus, dessen Martyrium nach der Legende durch Schinden begonnen haben soll und dessen Attribute Haut und Messer wurden, soll dem Volksglauben zufolge den noch nicht geschnittenen Hafer knicken. Früher erhielten Knechte und Mägde auf den Bauernhöfen einen pfundschweren Butterstrizl, die sogenannte „Bartlmäbutter". An diesen Brauch knüpft sich folgende Legende: Als Bartholomäus an seinem Namenstag, seine abgeschundene Haut über der Schulter tragend, an einem Bauerngarten vorüberging, sah er ein Weib darinnen jäten. Die Frau erschrak gewaltig, als sie des Blutzeugen ansichtig wurde und rief aus: „Ach, wie erbarmt ihr mich, ihr armer Mann!" Aber der Heilige antwortete ihr: „Ihr erbarmt mich viel mehr; da ihr an meinem Namenstag arbeitet, statt diesen Tag in der Kirche zu feiern." Hierauf lief die Frau schnell ins Haus, brachte einen Butterstrizl heraus und gab ihn dem Heiligen, damit er sich den wunden Leib bestreichen und kühlen könne. Zum Gedächtnis ist die Bartlmäbutter geblieben. Wie verschiedene andere Heilige der Sommerzeit, wird auch Bartholomäus mit dem Vieh in Verbindung gebracht; so sind nach ihm benannte Kapellen oft mit Schimmelsagen verknüpft, und altem Aberglauben zufolge gehen in der Bartholomäusnacht geheimnisvolle Reiter um. Mancherorts in den Alpenländern bringt Bartlmä das Ende der Almzeit auf den Hochalmen; das Vieh wird auf die Niederalmen getrieben und verbleibt dort bis zum Almabtrieb auf die Heimweide im späteren Herbst. Gegen eine der volkstümlichsten Krankheiten, dem sogenannten „Schwinden", wußte die alte Volksmedizin ein probates Mittel: am 25. August mußte man Fuchs, Hase und Luchs, und Heilmittel, wie „Mankeifett" (Murmeltierfett), Lungenkraut und vor allem Schwindwurz oder Schöllkraut, einbringen und zubereiten. Das eventuelle Wachsen des Mondes zu diesem Zeitpunkt soll die Heilwirkung dieser Tiere und Pflanzen gefördert haben.

Bauern- und Wetterregeln im August

Wann's im August tauen tuat, bleibt meistens dann das Wetter guat / Was Juli und August am Wein nicht kochen, kann der September schwerlich braten / Regen an Mariä Schnee, tut dem Korn tüchtig weh / Hitz' an Dominikus, a strenga Winter kumma muaß / Laurenzi guat, an schean Hirbest verhoaß'n tuat / Wie das Wetter an Hippolyt, so es mehrere Täg geschieht / Mariä Auffahrt im Sonnenschein, bringt an guat'n Wein / Im August werd' der Morgenregn sich noch vor dem Abend leg'n / Wann dö Schwalb'n fisch'n, kommt a G'witter / Um Barthlmä schaut der Schnea über's Joch he / Ist an Bartholomä der Himmel offen, wollen wir auf gutes Herbsten hoffen / Wann drei Täg nach Bartlmä schean ist, gibt's guat's Wetter für die Bergmahd / Zu Augustin zieh'n d'Wetter hin / Wenn Felix (30. August) nicht glückhaft, der Michl (29. September) kein' Wein schafft, hat Gallus (16. Oktober) nur sauren, auf's Feld für die Bauren.

Almabtrieb und Viehscheid im Einwärts

Im Sprachgebrauch der Alpenländer ist der Monat des Herbstbeginns, der September, unter der Bezeichnung „im Einwärts" bekannt, man spricht aber auch vom Hirbest und Hiagscht.

Der bedeutungsvollste Tag im Almleben ist der des Almabtriebs; wenn alle Almböden abgegrast sind und schon zwischendurch der Schneewind über den Kogel pfeift, wenn es „schneaboaz'n tuat", dann ist es Zeit zum „Hoamfahr'n". Nun ist es allerdings in unseren Tagen nicht mehr so selbstverständlich mit dem Viehabtrieb, wie in den vergangenen Dezennien; im Berggebiet werden längst nicht mehr so viele Almen bestoßen wie früher. In alter Zeit wurden die Traden und Almen gemeinschaftlich genutzt, und um Streitigkeiten vorzubeugen, setzte die Obrigkeit Almordnungen fest. Die Größe des sogenannten Hausfeldes war für die Stückzahl der aufzutreibenden Herde ausschlaggebend. Je nach Höhenlage unterschied man bei den Almen (Pascua alpina) zwischen Voralmen oder Asten, Mitteralmen und Hochalmen.

Wenn einem eine buntgeschmückte, talwärts ziehende Herde begegnet, kann man auf den ersten Blick gar nicht ermessen, wieviel unzählige Stunden mühevoller Feierabendarbeit an all dem schönen und teils kultischen Schmuck hängen. Lange Wochen vor dem Viehabtrieb haben Schwoagerin, Küahbua und die Bauernfamilie alle Hände voll mit dem Viehschmuck zu tun. Dabei darf aber, altem Almbrauch zufolge, nur dann „auf'kranzt" werden, wenn die ganze Herde ohne Krankheit oder Verlust den Sommer auf der Alm verbringen konnte. Die Almabfahrt hat sich in manchen südtirolischen Gegenden zu einem richtigen Herbstfest mit Viehmarkt entwickelt; im Allgäu spricht man nicht vom Almabtrieb, sondern vom „Viehscheid". Der Schmuck beim Almabtrieb geht nachweisbar auf sehr frühe Zeiten zurück und hatte den ursprünglichen Zweck, das Vieh auf der ganzen Wegstrecke, das es von der Almweide bis zur Umfriedung der Heimweide zurücklegen mußte, zu schützen. Nach dem Volksglauben waren nämlich die Almtiere vielen schlimmen Einflüssen und Unholden ausgesetzt, und um sie vor Verschreien und Verhexen zu bewahren, verhüllte man sie mit Kopflarven, bunten Aufsteckern und Kränzen. Die Almtiere sollten somit für alle Unholden unkenntlich gemacht werden. Daraus hat sich im Laufe von Jahrhunderten der schöne Almbrauch entwickelt, das Vieh mit buntem Schmuck „aufzukranzen". Die Kühe bekommen sogenannte „Aufstecker", das sind nur einmal verwendbare Tannen- oder Kranawittbosch'n (Wacholder) mit Schleifen, Papierrosen und Flittergold verziert. Die öfters verwendbaren Aufstecker sind meistens aus Lärchenholz gemacht. In der Regel verwendet man für diese Aufstecker Larven, deren Grundstoff Sackleinen ist. Mit Buntpapier überzogen und mit kleinen Spiegeln verziert, tragen sie den Namen des jeweiligen Tieres. Eine „Schneidfeder" ziert die Spitze des Aufsteckers. Nun kommen die Schellen und Glocken mit besonderen Riemen; diese Glockenriemen sind aus Leder gefertigt und mit Federkielstickerei verziert. Oft ist das Riemenmaterial auch aus buntem Leder. Die Glockenkuh, das erfahrenste Tier der Herde, bekommt den besonders schmucken Halfterkranz angelegt, die übrigen Hörnerkränze. Die Kälber erhalten einfache Halskränze. Früher war häufig ein Almstier zur Sömmerung bei der Herde; der bekam beim Abtrieb einen eigenen Kranz und manchmal eine hölzerne Glocke umgehängt. Nun kommt der letzte Tag auf der Alm; noch einmal wird in der Sennhütte Feuer gemacht, bevor es ins Tal hinunter geht. Allgemein werden zum Feuern trockene Hobel- oder Schneidspäne hergenommen. In den Loferer Steinbergen wurde ein Bündel Schneidspäne der Sennerin von den Holzknechten überbracht, und zwar nur der Sennerin, die für sie den Almsommer über gekocht hatte. Der letzte Tag auf der Alm ist für die Almleut' immer ein Tag des Abschiednehmens und einer gewissen Wehmut; geht doch die mühsame, aber schöne und ungebundene Zeit in den Bergen zu Ende. Nach sorgfältigem Löschen des Herdfeuers wird auf'kranzt, wenn nicht etwas da-

Almabtrieb

zwischenkommt. Wie oft geschieht es, daß ein Almabtrieb sich verzögert, weil gerade dann ein paar übermütige Jungtiere sich an schwer zugänglichen Stellen verstiegen haben. In solchen Fällen sind die „Fuß- oder Gamseisen", die Steigeisen, von großem Nutzen; sie werden seit altersher beim Gehen über grasige Steilhänge und Felspfade an die Schuhsohlen geschnallt. Sind Schwoagerin und Herde, Küahbua und Almwagerl – ein kleines zweirädriges Fuhrwerk mit dem

Almgerät und den Habseligkeiten der Almleute – glücklich und unbeschadet auf dem heimatlichen Hof im Tal herunten angekommen, werden Glocken und Teile des Almschmucks für die Almfahrt im nächsten Jahr wohl verwahrt; ein geschmückter Aufstecker wird über der Stalltür befestigt. Die Bäuerin hat inzwischen zu diesem besonderen Tag fest ins Schmalz gegriffen und ein extra gutes Schmalzkoch zubereitet; das Vieh ist gesund und vollzählig wieder daheim, das muß schon gefeiert werden. Nach dem Essen hat man noch „Sitzweil", da werden dann die schönen alten Almlieder und Jodler, die das Almleben und den Almabtrieb gleichsam umranken, von jung und alt in fröhlichem Kreis gesungen. Bevor die „Kasermanndelen" (Kleine Almgeister) von den nunmehr verlassenen Almen Besitz ergreifen, richten die Mannderleut' ein paar Tage lang die Bergwege, indem sie Schotter und Erde in die „Luck'n einkratz'n", Steine zusammenrechen und auf große Steine Erde geben, damit sie die kommenden Wochen Holz, Streu und Almheu heimführen können. Dazu braucht man das Bergwagerl, das aus dem „Gröt" und den beiden „Schloaf'n" besteht. Die Hauptteile des Gröt sind die „Achsn" mit den zwei Rädern, die „Schale" über der Achse und die Deichsel, die vorne an der „Zunge" mit einer Kette befestigt ist. Die zwei „Schloaf'n" (Gleitstangen) sind vorne an der „Schale" mit den „Vornägeln" festgemacht. Hinten hält sie eine kleine Stange („Nöb") zusammen. Auf einem ebenerem Talweg kann man mit Schloaf'n schwer fahren, auf einem Gemeindeweg ist es ohnehin nicht erlaubt; so hat man dort, wo ein steiler Bergweg in einen Talweg mündet, eine eigene Vorrichtung zum „Aufwagnen" angebracht. Sie besteht aus zwei Holzsäulen und einer Winde. Dadurch wird ermöglicht, die Schloaf'n und somit das Fuder zu heben, um ein „Aufwaggröt" so darunter zu schieben, daß die Schloaf'n darauf zu liegen kommen. Somit wird das zweirädrige Schloaf'nfahrzeug zu einem vierrädrigen Wagerl.

Nach den anstrengenden Almwochen hat man die Sonntagsruhe nötig; vom Kleinen Frauentag (8. September) an wird es wieder geruhsamer. Das Vieh ist wieder daheim und die Almgänge fallen weg. Die Frauen nützen die Sonntage zum „Grantn klaub'n" (Preiselbeerpflücken); werden doch die Moosbeeren im bäuerlichen Haushalt benötigt und zum Teil auch an Händler verkauft.

Kult und Brauch im September

Unsere Vorfahren begingen in den ersten Septembertagen eine Art Abschlußfeier – und gleichzeitig ein Anfangsfest: der Abschluß der hellen, lichten Jahreszeit und der allmähliche Beginn der dunklen kurzen Tage wurde sichtbar begangen. Das Einbringen der Ernte und das Einwintern wurde brauchmäßig mit Dank- und Bittopfern und kultischen Feiern umrahmt. Unter dem Einfluß des Christentums bildeten sich aus dieser germanischen Festzeit Herbstbräuche heraus.

Sankt Ägidius (1. September), der um 725 als Einsiedler starb, bringt dem Volksglauben nach den Herbstanfang. Der Heilige wird meist mit einer Hirschkuh und einem Pfeil am Hals abgebildet, da der Legende zufolge eine Hirschkuh seine Ernährerin gewesen sein soll. Ägidius bringt die Herbstzeitlose, auch Spinnblume oder Nachtgunkel genannt, auf die noch sommerlichen Wiesen. Früher zerrieben die Mädchen die Herbstzeitlosen zwischen den Fingern, damit diese beim nun beginnenden Spinnen nicht wund würden, anderenorts bestrich man sich mit dem Saft dieser giftigen Pflanze die Augenlider, um beim langen Spinnen an den Abenden nicht schläfrig zu werden.

Mit dem 8. September stellt sich der letzte Tag im Frauendreißiger ein; das Fest Mariä Geburt wird auch in Bauernkreisen als „Kleiner Frauentag" bezeichnet. Alten Naturbeobachtungen nach verkriechen sich von diesem Tag an die Schlangen. An diesem letzten Frauentag, der auch „Unser Frauen Tag in der Saat" genannt wird, soll man Brombeeren einsammeln; auch der Brombeerstrauch hat seine kultmäßige Funktion: die aus dem Wurzelstock hervorsprießenden Schößlinge neigen sich nach einiger Zeit wieder dem Boden zu und die Spitzen wurzeln fest. Durch diese entstehenden Bögen ist man früher hindurchgekrochen, um unter bestimmten Zeremonien am Strauch seine Krankheit abzustreifen und dem Gesträuch zu übertragen. Heute kommt es nur mehr vereinzelt vor, daß an Mariä Geburt Kräuter und Getreidekörner, die in das Saatgut gemicht werden, gegen den Bilmesschneider, einen mit Sicheln bewehrten Getreidedämon, geweiht werden. Um den günstigsten Zeitpunkt für die Winteraussaat zu erfahren, nahm der Körndlbauer von der ersten eingebrachten Fuhre Korn drei Ähren und legte sie in die Erde. Welche von den drei Ähren am schönsten aufging, zeigt ihm den rechten Zeitpunkt zur Aussaat an. Im Zusammenhang mit der Getreideernte soll ein altherkömmlicher Haussegen nicht unerwähnt bleiben: an die Haustür des Anwesens wird ein Büschl von drei Ähren befestigt; die Anzahl symbolisiert die heilige Dreieinigkeit und dient als Opfer und zugleich als Abwehrmittel gegen alles Schädliche und Dämonische von Haus und Stall. Mancherorts steckt man das Ährenbüschel unter das Dach, meistens aber hinter das Kreuz im Herrgottswinkel der Stube. Im Frühjahr werden die Ähren in die erste Furche eingeackert, um dem Acker Fruchtbarkeit zu bringen. Wer die drei Ähren nicht an der Hoftüre oder hinter dem Stubenkreuz anbringt, bindet sie mit bunten Seidenbändern um eine Kerze und opfert diese in einer der nächstgelegenen Feldkapellen. In der ersten Septemberwoche ist es an der Zeit, die Frauenminze, auch Marienblatt genannt, aus dem Bauerngarten, in dem diese Pflanze seit altersher als wirksames Frauenkraut angebaut wird, einzubringen und zu trocknen. Diese Frauenminze, die übrigens keine Minzenart, sondern dem Rainfarn verwandt ist, haben besonders alte Bäuerinnen ihres Wohlgeruchs wegen gern im Kittelsack oder früherszeiten im „Kirchgangssträußerl".

Am 13. September wird der heiligen Notburga, die von 1265 bis 1313 im nordtirolischen Unterinntal lebte und als Beschließerin und Bauernmagd bei Herrschaften und Bauern diente, im ganzen alpenländischen Bereich gedacht. Die Legende berichtet, daß sie von ihrem Dienstherr gezwungen wurde, über den Feierabend hinaus zu arbeiten. Ein frommes Orakel anstellend, warf sie ihre Sichel in die Luft – und die Sichel blieb in der Luft stehen. Notburga wurde zur Patronin der Schnitter und der Feierabendruhe, der Haus- und Dienstmägde und aller weiblichen Ehhalt'n und sogenannten „Kindsmenscher". Noch zu Beginn des vorigen Jahrhunderts verwendete man Notburga-Graberde als Heilerde, wie ja früher Heilerde überhaupt als mineralstoffreiche, tonhältige Erde bei Gicht, Ischias und Gelenkleiden in Form von Warm- und Kaltpackungen

Ein Saltner
(Weinberghüter)
bei Meran

und Bädern viel angewandt wurde; Tonerde hatte viel mehr wie heute ihren festen Platz im Arzneimittelschatz der Volksmedizin.

Am 16. September erinnern wir uns an die Pestpatronin Wilpet, die nach altem Volksglauben unfruchtbaren Frauen zu Kindersegen verhelfen soll. Wilpet wird als christliche Kultheilige angesehen und soll in Verbindung mit Ainpet und Warbet zum Gefolge der heiligen Ursula gehört haben. Bei diesen sogenannten „drei heiligen Fräulein" wird ein Zusammenhang mit den germanischen Schicksalsfrauen (Nornen) angenommen.

Am 17. September, dem Tag des heiligen Lambertus, war im Salzburgischen das „Freiung-Läuten". Während der Zeit des Läutens konnte man seinen Gegner verprügeln, ohne Strafe befürchten zu müssen. Eine Freiung bezeichnet ein religiöses Heiligtum oder eine mit besonderen Freibriefen ausgestattete weltliche Stätte. Dort wurde unter allen Umständen Sicherheit, Straffreiheit und Asyl gewährt. Ursprünglich waren auch der häusliche Herd, die Türschwelle und Dachtraufe Asylstätten, die im Volksglauben Abgrenzungen waren, die kein Zauber überspringen konnte.

In der letzten Septemberwoche sei am 27. September an die zwei Zwillingsbrüder Cosmas und Damian erinnert, die vielerorts als Pestpatrone und heilige Ärzte verehrt wurden. Heilige Ärzte sind sehr selten; hingegen weiß man von vielen Heiligen, die sich nebenbei medizinisch betätigten. Bader, Scherer und späterhin auch die Apotheker hatten als Zunftwappen das Bild dieser beiden Schutzpatrone der Heilkunst.

Wenn Fronleichnam als die auf einen Tag gesammelte kirchliche Form der altüberlieferten Maibräuche angesehen wird, so muß der Sankt-Michaels-Tag am 29. September als kirchliche Verdichtung altgermanischer Sommerschlußfeiern gesehen werden. Sankt Michael, der „große Wetterherr" oder auch der „heilige Mars der Christen" genannt, zählt zu den schon sehr früh volkstümlich gewordenen und besonders bei den Germanen als Kämpfer eingebürgerten Heiligen. Michael, der Erzengel, der die Mächte der Finsternis überwand, Michael der Seelenführer, der den heidnischen Seelenführer Wotan ablöste, war so recht geeignet, der Schutzpatron der deutschen Stämme zu werden. Das empfanden

Obst- und Weinernte

schon die ersten christlichen Glaubensboten, als sie den heidnischen Stämmen die Verehrung des Seelenführers Michael an Stelle der ehemaligen Totenfeiern bei ihren Herbstfesten nahebrachten. Daher erklärt es sich auch, daß die vielen Michaelskirchen und -kapellen zu den ältesten deutschen Kirchen gehören. Es ist weiters für den Zusammenhang mit dem altgermanischen Seelen- und Totenkult, dem „Marenkult", bezeichnend, daß gerade Friedhofskapellen besonders häufig dem heiligen Michael geweiht sind. Kirchlicherseits wird am Sonntag nach Michaeli die „goldene Messe für die Abgeschiedenen" gelesen; auch haben die drei Samstage nach dem Sankt-Michaels-Tag als die „drei goldenen Samstagnächte" im Volksglauben heute noch kultische Bedeutung. Der Kirchenlehrer Basilius erwähnt, daß der heilige Michael die Seelen der Verstorbenen wäge; diese Version findet man häufig in Bildern der christlichen Kunst.

Zum Ernteabschluß im Herbst hielten unsere Vorfahren Gerichtstage (Thinge) ab; nach ihrer Vorstellung galten als beliebte Aufenthaltsorte der abgeschiedenen Seelen Teiche und Seen. In der nordischen Sage tritt Wotan als Fährmann auf. Und wieder zeigt sich eine Übereinstimmung: man findet Michaelskirchen und -kapellen an Seen, und den heiligen Michael als Beschützer von Quellen, auch Salz- und Heilquellen. Beim Offertorium des Seelengottesdienstes wird darum gebetet, daß Christus die armen Seelen aus dem tiefen See befreien möge.

Nach dem bisher Dargelegten ist es auch nicht verwunderlich, daß Michael zum Ernteheiligen wurde und sein Name einer der beliebtesten und verbreitetsten Taufnamen, vor allem in bäuerlichen Gegenden ist. In der Schweiz trägt die letzte Getreidegarbe seinen Namen. Die heidnischen Vorfahren suchten durch Speise- und Fastenopfer die Seelen der toten Sippengenossen für die Ernte des kommenden Jahres günstig zu stimmen; in unseren Tagen noch schaut der Bauer fleißig nach dem „Michaeliwind" aus, der dem Volksglauben nach das ganze Jahr das Vorrecht haben soll. Er lauscht dem „Michaelidonner" nach, da späte Herbstgewitter um Michaeli herum eine gute Ernte anzeigen.

Letzte Erinnerungen an einstige Totenspeisen sind die „Michaelibrote", die meist als „Kuchenmichl" bezeichnet werden. An die Stelle der einstigen Volksthinge am Michaelitag traten die bekannten Michaelimärkte mit Vieh- und Krämermarkt. Einstige Abgaben zu Michaeli, wie die Michaeligans, sind Hinweise auf die frühere Bedeutung des Michaelitages als wichtigen Zins- und Termintag im bäuerlichen Jahr, auch auf die ursprüngliche Verbindung mit dem jahreszeitlichen Schlußfest. Erhalten haben sich aus diesem Zusammenhang in den meisten Alpenländern der kirchliche Brauch, von Michaeli ab das Feierabendläuten wieder auf Winterzeit, das heißt eine Stunde früher am Abend anzusetzen. Ein weltlicher Brauch, das „Lichtbratl", besteht in einem festlichen Nachtessen, das der Bauer seinen Ehhalt'n, der Meister seinen Gesellen und Lehr-

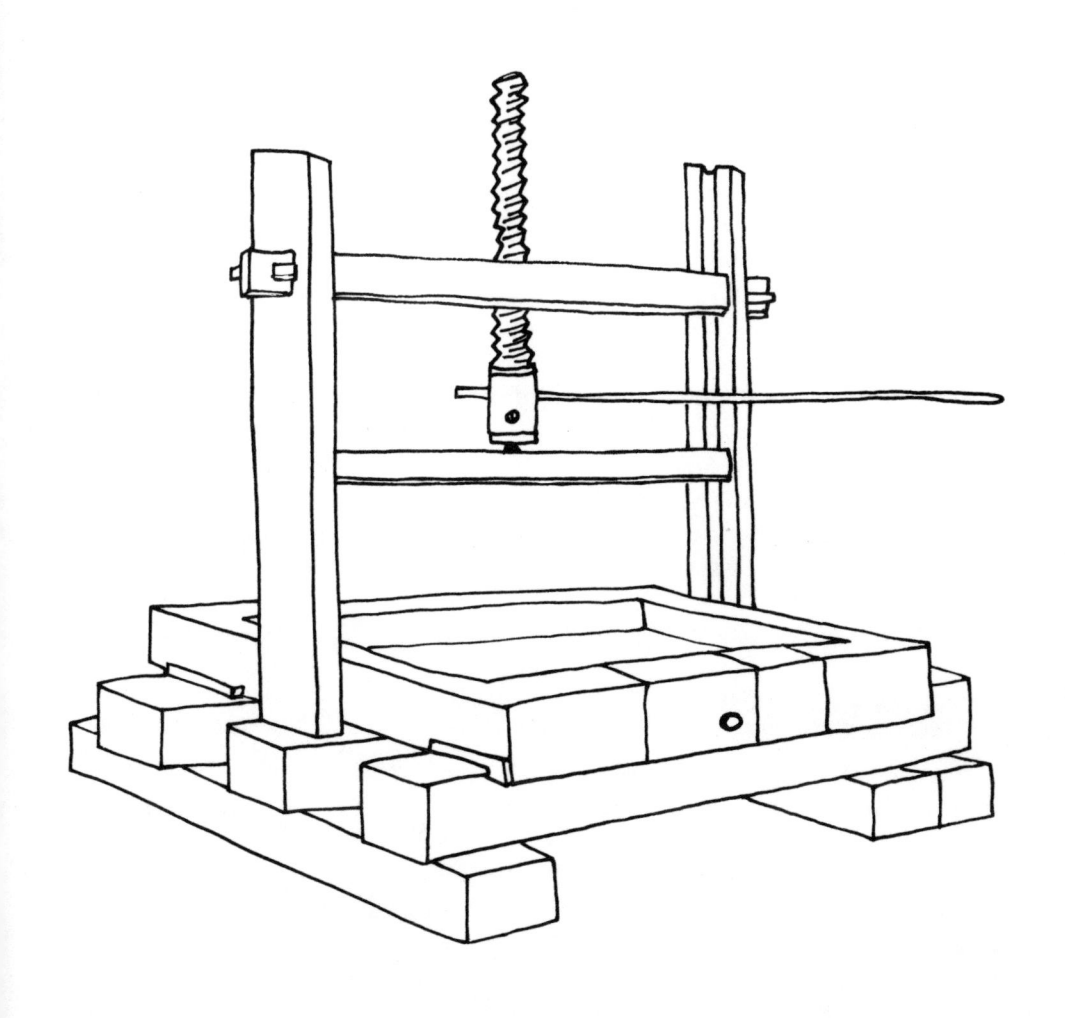

Spindltorggl

buben, und der Familienvater seinen Kindern auftischen läßt, weil an diesem Abend wieder die Winterarbeit bei künstlichem Licht beginnt. Früher trank man auch „Michaeliwein"; ein alter Kalenderspruch meint dazu: Michaeliwein – Herrenwein, Galliwein – Bauernwein. Michaeli war einst ein Bauernfeiertag mit reichlichem Essen und Trinken; von der bäuerlichen Bevölkerung wird Michaeli immer noch als sogenannter Halbfeiertag geachtet. Früher war es Brauch, daß jeder Dienstbote nachmittags, wenn der erste Rauch aus dem Kamin aufstieg, einen Arm voll Holz in die Küche brachte; die Bäuerin verstand die Aufmerksamkeit wohl und lohnte sie mit der bäuerlichen Lieblingsspeise, einer Ladung Schmalzkoch. Es sei noch erwähnt, daß der Michaelitag im Dorfrecht gewissermaßen der Stichtag zur Öffnung der Wiesen für die Heimweide ist. Im Volksglauben gelten die Galläpfel vom Michaelstag als Fruchtbarkeitszeichen: haben sie Spinnen, so kommt kein gutes Jahr; sind sie innen naß, soll dies einen nassen Sommer anzeigen, und wenn sie mager aussehen, soll der kommende Sommer heiß werden. Ein gutes Jahr in seiner Gesamtheit zeigen aber eventuelle Maden in den Galläpfeln an.

Bauern- und Wetterregeln im September

Wie an Sankt Ägidius, vier Wochen das Wetter bleiben muß / Wenn Sankt Ägidius bläst ins Horn, heißt es: Bauer säe dein Korn / Lorenz im Sonnenschein, wird der Herbst gesegnet sein / Zu Mariä Geburt, fliegen die Schwalben furt; bleiben sie da, ist der Winter nicht nah / Wann's am elft'n September nit regn't, bedeut's an dürren Hiabst / Ist Sankt Lambert klar und rein, wird der Langes trocken sein / Kommt Matthäus mit viel Wasser, ist er guten Weines Hasser / Wann Matthäus reahrt (weint) statt lacht, er aus'n Wein an Essig macht / Viel Eicheln im September, viel Schnee im Dezember / Sankt Cosmas und Sankt Damian, fängt das Laub zu färben an / Wenn Cosmas und Damian Wiederkehr hält, das Laub von Baum und Dickat (Gesträuch) fällt / Donnert der Michel, viel Arbeit die Sichel / Michael zündet 's Liacht an und schneid' den Tag ab.

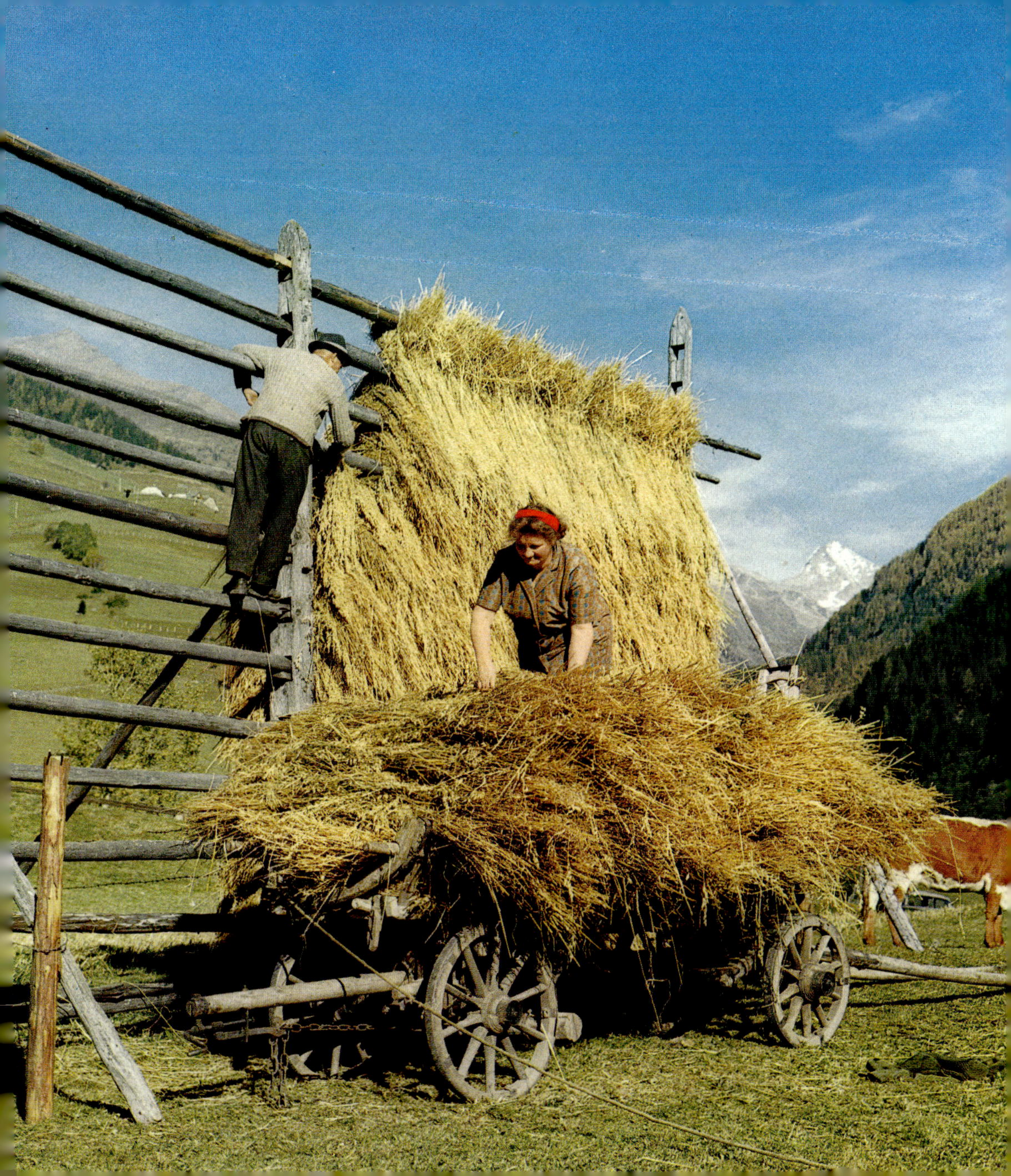

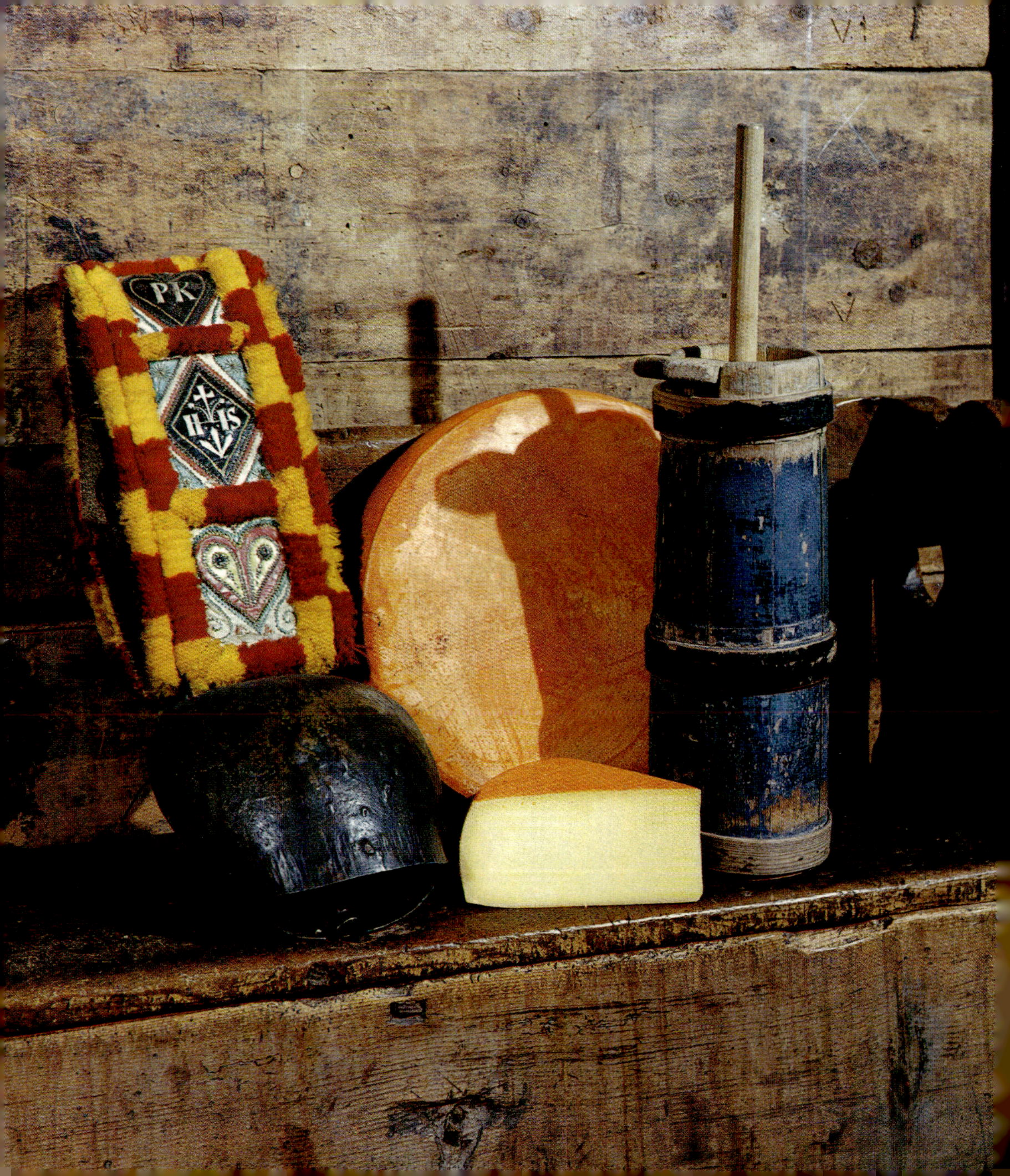
PK
IHS

Bergfahr'n und Laubrechen im Weinmonat

Der Oktober wird häufig als Weinmonat bezeichnet; aus dem karolingischen Namen „Windumemanot", der sich vom lateinischen vindemia in der Bedeutung von Weinlese herleitet, wurde bald die gekürzte Bezeichnung „Winmanot", unser heutiger Weinmonat.

Die „Straa" (Streu), die den Sommer über im Wald getrocknet ist, wird nun in die Straahütt'n gebracht; von dort holt man täglich etwas, um es mit Laub und aufgeschnittenem Roggenstroh vermischt dem Vieh unterzugeben. Besonders die Melkkühe müssen gut eingestreut werden, damit sie nicht zu „mistig" sind. Das Holz kann erst heimgebracht werden, wenn auf den Bergwegen niemand mehr Almheu führen muß; das ist etwa um Lukas (18. Oktober) der Fall. Bis zu diesem Zeitpunkt dauert häufig das „Bergfahr'n", das Anfang Oktober beginnt. Zu diesen Fahrten um Almheu wird sehr früh am Tag aufgebrochen; wenn man zweimal am Tag fahren will, muß man zwischen 3 und 4 Uhr früh mit mehreren Gespannen losziehen. Heute ist auch diese Arbeit in vielen Gebieten der Alpenländer durch geeignete Motorfahrzeuge erleichtert. Früher mußten zu diesen herbstlichen Bergfahrten außer der Bäuerin und den kleinen Kindern alle Familienangehörigen mit; gewöhnlich halfen auch die Nachbarn. Bei zweimaliger Fahrt muß man schon „mitsamt'n Tag" bei der Schupf'n sein, so daß am Vormittag die schwer beladenen Wägen in den Stadel fahren können. Rasch werden dort die Fuder abgeladen, ein kurzes Mittagessen eingenommen, und sogleich wird noch am Vormittag zur zweiten „Roas" aufgebrochen, von der man erst am Spätnachmittag zurückkommt. Der Weg ist lang, und die Fuder müssen sorgfältig gefaßt werden, damit auf dem oftmals schlechten Bergweg

Glockenkranz und Butterstampfer. Tiroler Volkskunstmuseum

nichts passieren kann. Das Fuderfassen des Almheus ist an sich schon schwer, weil das Heu kurz ist; zudem hat es sich in der Heuschupf'n teilweise verfilzt und muß von den „Auflegern" zuerst „g'schüttet" (gelockert) werden. Der das Heu reicht, darf nur kleine Mengen aus der Schupf'n herausgeben. Das Fuder soll auch eine Form haben: unten schmal, „in da Mitt'n auß'n geahn" und „in da Heach (Höhe) s'sammgeahn". Außerdem wird darauf geachtet, daß das Fuder hinten oben eine „Kapp'n" hat, also etwas erhöht ist. Das Bergfahr'n dauert schon seine Zeit; denn die meisten Bauern, die Almmäher besitzen, haben an die 20 oder gar 30 Fuder zum Heimführen. Nach beendetem Bergheufahren müssen die Bauern aber nochmals einige Tage auf die Höhen, um an manchen Stellen die Almzäune umzulegen; auch kann jetzt im Herbst das Zaunholz für den kommenden Almsommer leichter hinaufgeschafft werden.

Für die Bauersfrauen gibt es auch genug zu tun: Anfang Oktober beginnt in einigen Landschaften das „Laabstroaf'n", das heißt, die Frauen und Mägde müssen das Eschenlaub abstreifen und zudem noch Laubrechen, das abgefallene, gelbe Laub zusammenrechen. Im Krautgarten wartet indes auch noch einige Arbeit auf sie, die Rüben müssen geklaubt werden und der Mohn ist auch noch zum Abschneiden. Wo noch gutes Kraut den Speisezettel im Bauernhaushalt bereichert, muß jetzt im Oktober mit dem Krauteinschneiden begonnen werden. In altartiger Arbeitsweise wird das Kraut in einen großen Bottich geschnitten und mit einem neuen Paar ungenagelter Schuhe niedergetreten, sodann mit „Stoa ei'gschwaart" (mit Steinen beschwert) und mit Wasser übergossen. Außerdem müssen noch die weißen Rüben eingehackt werden.

In Südtirol beginnt in guten Lagen Ende August das „Wimmen", die Weinlese, und dauert bis Mitte Oktober. Die Frauen schneiden mit dem Rebmesser die Trauben in die hölzerne „Wimmschüssel", eine runde Schüssel mit Holzstiel, während die Mannderleut' Zumme um Zumme (große Holzgefäße) voll Trauben zum bereitstehenden Fuhrwerk tragen. Die letzte Fuhr' wird mit Blumen und **bunten Bändern geziert. Am 15. Oktober, dem Theresientag, beginnt in der Regel die Weinlese in der Steiermark.** Früher, wenn der Weinlesetermin herannahte, schickte der Weinbauer seinen Buben oder eine Bötin zu den Nachbarn mit der

Weinlese bei Bozen

Bitte, an einem bestimmten Tag Hilfskräfte zur Weinlese zu ihm zu schicken. Diese Nachbarschaftshilfe wurde auch stets gern zugesagt. Nach einem guten Frühstück wandern die Weinleser mit der Butte auf dem Rücken oder weite Körbe tragend, das scharfe Rebmesser in der Hand, in die Weingärten, wo das Abschneiden der saftigen Trauben beginnt. Die Buttenträger sind mit langen Haselstecken ausgerüstet, in die sie jedesmal eine Kerbe schneiden, sobald sie eine volle Butte im Preßraum entleert haben. Ein fleißiger Träger hat in seinem „Haslinger" zuletzt zahlreiche Einschnitte. Ist die Winzerhütte vom Preßraum weiter entfernt, werden die Butten und Körbe in große, auf einem Fuhrwerk stehende Bottiche entleert; wenn sie randvoll sind, werden sie zur Weinpresse geführt. Im Preßhaus steht die große Traubenpresse mit langer Holzspindel, Kelter genannt. Zuletzt wird der sogenannte „Stock" gemacht: die in der Kelter zurückgebliebenen Traubenreste werden durch Herabdrehen der Preßspindel bis zum letzten Tropfen ausgequetscht. Der Traubensaft wird in Fässer geleitet und der Gärung überlassen.

Wimmgeschirr: links Zumme, Mitte Schaff, rechts Wimmschüssel

Kult und Brauch im Oktober

Im Oktober wird mit dem Dreschen begonnen, das bis vor wenigen Dezennien vielerorts noch händisch vor sich ging. Ein alter, heute wohl längst vergessener Volksglaube steckt in folgendem Drescherbrauch: man glaubte, daß sich ein Korngeist mit dem eingebrachten Getreide in die Scheune eingeschlichen habe und nun so lange von einer Garbe zur anderen krieche, bis er mit dem letzten Drischlschlag aus seinem Körper befreit werde. Daher sagte man zu dem Drescher, der die letzte Garbe zum Drusch erhielt, er bekäme den „Alten"; damit war der Korngeist gemeint. Wer in Tirol den letzten Drischlschlag tat, hatte den „Hund erschlag'n"; er wurde sogleich gepackt, mit fettigem Ruß eingerieben und mit Strohkränzen und bunten Bändern geschmückt. Er mußte sich in einen Karren setzen und unter lächerlichen Ehrenbezeigungen durch das Dorf ziehen lassen. Beim anschließenden Dreschermahl fand der Ärmste dann auch noch Hühnerdreck auf seinem Teller! Das frühere Arbeitsgerät beim Dreschen war die Drischel; damit bezeichnet man den Dreschflegel oder auch nur seinen Schwengel, der mit dem Handstab durch ein mit Riemen angeschnürtes, manchmal auch angenähtes „Mitterband" aus Schweinshaut drehbar gelenkig verbunden ist. Landschaftlich verschieden wurden dazu auch gedrehte Wid'nringe oder Eisenösen und Eisenketterl verwendet. Der Handstab war gewöhnlich aus Linden-, Birken- oder Haselholz, der Schwengel aus widerstandsfähiger Esche oder Ahorn. Wenn der Schwengel mit Eisen beringt oder verkappt wurde, so hieß er „Plenkel". Im Herbst verdingten sich Arbeitsgruppen als Drescher von Hof zu Hof und gingen in den „Lohndrusch".

Die bäuerliche Hausmedizin meint, daß spätes Gras auf den Wiesen dem Vieh nicht bekomme; dem Menschen seien Rüben zu Oktoberbeginn sehr bekömmlich, wenn sie gut gekocht sind. Auch Knoblauch soll zu dieser Zeit für den Magen sehr heilsam sein.

Am ersten Sonntag im Oktober ist Erntedankfest; in Glauben und Brauch geht dieses wichtigste Herbstfest auf die germanische Zeit zurück. Kennzeichnend für das Erntedankfest ist im Volksleben die deutliche Trennung von kirchlicher und weltlicher Begehung. Diese Trennung wurde schon in den vorchristlichen Herbsterntefesten vorgenommen, bei den Thingen nämlich, die mit Volksversammlungen, gerichtlichen Zusammenkünften und kultischen Feiern begangen wurden. Als letzte Entwicklungsstufe sind die Kirchweihfeste anzusehen.

Durch Technik und Verstädterung ist dem Menschen unserer Zeit jenes Verhältnis und auch die Bindung zur Natur weitgehend verlorengegangen, die den Menschen zwei oder drei Generationen vor uns noch selbstverständlich war. Darum haben Erntedankfeiern unserer Tage viel vom Glanz und einstigen bäuerlichen Stolz, von Bedeutung und Innigkeit eingebüßt. Am ursprünglichsten haben sich im allgemeinen die kirchlichen Erntedankfeiern erhalten. In vielen ländlichen Pfarren ist noch der feierliche Zug zum Gotteshaus üblich, wobei verschiedenenorts eine kunstvoll gebundene und geflochtene Erntekrone und Gaben von Feld und Acker mitgetragen werden. In der Kirche wird vor dem Speisgitter ein Erntedankaltar mit Feld- und Gartenfrüchten, Brot, Rauchfleisch, Obst, Eiern, Honig, Erdäpfeln, Kraut, verschiedenen Getreidesorten und einigen, meist altartigen Erntegeräten errichtet. Das Ganze wird mit einem Kruzifix gekrönt. Die Segnung der Erntekrone und der Gaben ist in Landpfarren zur Regel geworden. Mancherorts wird zum Offertorium während des Dankgottesdienstes ein Altarumgang mit Kerzenopferung gehalten. Die Erntedankfeste in den Städten beschränken sich durchwegs auf die kirchliche Feier. In bäuerlichen Gemeinden, in denen von der Bauernschaft das Erntedankfest veranstaltet wird, findet der Festgottesdienst oft unter freiem Himmel statt; der weltliche Teil mit Brauch und Tanz schließt meist an den Gottesdienst an.

Die meiste Beachtung im Erntebrauchtum findet auch heute noch die letzte Garbe, die man als Opfer auf dem Acker stehen läßt. Früher begann mit der Übergabe einer Erntepuppe oder Erntekrone an den Bauern, die mit feierlichem Spruch eine der Schnitterinnen vollzog, das Erntefest. Das anschließende Festmahl, die heutigen Scherzspiele und Erntetänze weisen auf sehr alte Fruchtbarkeitszeremonien hin. Alte Formen der Erntebrote wie Hahn und Henne kennt man heute nur mehr sehr vereinzelt. Noch vor wenigen Dezennien galten die

Der Landlertanz (Oberösterreich)

Erntebrote als nicht wegzudenkende Gebildbrote im Jahresbrauchtum. Lebendiges Erntebrauchtum ist bei den Erntefesten der Winzer und Weinhauer in den niederösterreichischen Weingegenden noch feststellbar. Dort wird einem Verwandten oder einer Ortspersönlichkeit zur besonderen Ehrung die „Weinbeergoaß" überreicht. Die Weinbeergoaß ist ein mit viel gelben und blauen Weintrauben behängtes Gestell mit einem holzgeschnitzten Ziegenkopf. Diese Figur ist wohl ein Überbleibsel antiker, vor allem römischer Ernteumzüge mit geschmückten Opfertieren. Die Erntekrone ist übrigens in diesen Weinbaugebieten die Winzerkrone. Zu allen Zeiten spielte der Hahn im bäuerlichen Brauchtum eine bestimmende Rolle: als Künder des Wetters (Wetter- und Turmhahn), als täglicher „Wecker" am frühen Morgen, und als ausgesprochen sinnbildliches Tier zur Erntezeit. Aus früheren Dezennien kennen wir das Fest des Erntehahns, den „Hahnentanz", einen Tanz, um einen lebenden Gockel zu gewinnen.

Die Ernte ist eingebracht und das Tanzen ist frei. Sobald die letzte Fuhre eingefahren ist, kommen Spiel und Tanz zu ihrem Recht, dann findet sich die dörfliche Gemeinschaft und Landjugend zum Erntetanz. Sehr altertümliches Brauchtum begegnet uns zum Ende der Flachsernte in den Brechelsitten. Bei dieser bäuerlichen Gemeinschaftsarbeit haben sich viele sogenannte Brechelsitten erhalten, die ursprünglich auf alten Fruchtbarkeitszauber, Dämonenabwehr und Kornopfer zurückgehen. Es sei hier nur an den „Bilmesschneider", einen Getreidedämon mit Sicheln an den Füßen erinnert, der dem Volksglauben nach eine Bahn durch den Getreideacker mäht. Fast überall war es üblich, daß die Brechlerinnen „beim Haar" (Flachs) den Zutritt jedes Mannes abwehrten. Kam aber doch einer herzu, wurde er von den Brechlerinnen umringt und mit „Ag'n", den abfallenden Splitterteilchen der Flachshülsen, beworfen oder er wurde „geschoppt", wobei man ihm das stark kratzende Zeug unter den Hemdkragen stopfte. Eine echt bäuerliche Brauchtums-Unterhaltung war das „Brechelschrecken", zu dem der Bauer alle Mädchen der Nachbarschaft einlud, während die Burschen ungeladen erschienen. Der erste Teil des Brauches wird die „Handelsbraut", der zweite die „Raufbraut" genannt. Der Bauer sitzt mit finsterer Miene am Stubentisch, Krapfen, Wein und Bier vor sich; auf dem Tisch sind außerdem noch eine Flasche Schnaps, ein Seidentüchl und ein Kunstblumenstrauß. Nun kamen die Burschen einzeln an den Tisch und baten um die Handelsbraut. Der Bauer verlangte, sie sollten einen Ritter auf einem Schimmel bringen. Darauf verzogen sich die Burschen nach draußen, und bald erschien unter Lärmen und Schreien ein Schimmel unter der Stubentür, der von den Burschen mit Leinentüchern dargestellt wurde. Dem Ritter folgte eine Schar vermummter „Schrekker", die man als „Haarmänner" oder „Flachsmander" bezeichnete. Nun wurde der Schimmel beschlagen und verhandelt; wer die größten Tollheiten ausführte, bekam als Preis das Seidentuch. Nach einer „Brechelpredigt" folgte der zweite Teil, die „Raufbraut". Der Bauer warf einen Tannenwipfel unter die Burschen,

Austragen der „Freiung" in Niederwölz (Steiermark) am 1. Montag nach dem Maximilianstag

um den hartnäckig gerauft wurde. Der Sieger erhielt den künstlichen Blumenstrauß und die Flasche Schnaps und durfte nun mit der Haustochter, der „Brechelbraut", den allgemeinen Brecheltanz eröffnen.

Am 8. Oktober erinnern wir uns an die heilige Birgitta, die meist als Pilgerin mit einem Herz in der Hand und rotem Jerusalemkreuz abgebildet ist. Das nach ihr benannte Birgittengebet wurde früher als Amulett getragen.

Am 12. Oktober, dem Maximilianstag, wird im steirischen Niederwölz der sogenannte „Maxlanmarkt", einer der bedeutendsten Herbstmärkte des Alpenlandes, begangen. Früher kamen neben allerlei Händlern, Krämern, Viehtreibern, Quacksalbern und vielem Volk auch weitberühmte Musikanten auf der Geige, dem altsteirischen Hackbrett und der Schwegel- oder Seitelpfeife dort zusammen. Zu den altverbrieften Freiheiten des Maxlanmarktes gehörte es auch, daß man an diesem Tag ungestraft seine Kräfte mit dem Gegner ritterlich messen durfte; der Besiegte mußte mit Handschlag geloben, sich nicht zu rächen. Nachts wurde bei Fackelschein von hundert Männern der Schwerttanz aufgeführt.

Sankt Koloman, der einfache Pilger mit der Schnur und Übernehmer volkstümlicher Wallfahrtsgebräuche, hat am 13. Oktober seinen Tag. Koloman erlitt im Jahre 1012 bei Stockerau (Niederösterreich) den Martyrertod; er wurde im Stift Melk beigesetzt. Seine Kultstätten, oft auf heidnischen Opferplätzen errichtet, haben häufig Wetterglocken und Heilbründl. Altem Volksglauben zufolge gilt der Kolomanstag als guter Einnehmetag für Arzneien. Sankt Koloman gilt neben Leonhard als wichtigster Viehpatron der Alpenländer.

Mit dem 16. Oktober, dem Tag des heiligen Gallus, der im Jahre 613 das bekannte Kloster Sankt Gallen gründete, beginnt allmählich die kalte und nasse Jahreszeit.

Am Tag des Evangelisten Lukas, dem 18. Oktober, gab man noch im 19. Jahrhundert Vieh und Menschen geweihte Lukaszettelchen ein. Lukas war ja auch Arzt. Zum Patron der Fleischhauer wurde er deshalb, weil sein Begleittier aus dem Evangelium, der Ochse nämlich, sein Attribut ist.

Am dritten Oktobersonntag wird das Kirchweihfest gefeiert; der Kirchtag ist im Ursprung das Erinnerungsfest an die Kircheneinweihung. Die vielen, teils sehr weltlich gestalteten Feiern der einzelnen Dörfer wurden im Herbst zusammengelegt und es wurde der sogenannte „Allerweltskirchtag" daraus, doch wird auch noch heute verschiedentlich das örtliche Patrozinium von der allgemeinen Kirchweih getrennt. Die Einladung „auf die Kirchweih" wurde im bairischen Raum wohl zu einem der bekanntesten und auch heißumstrittensten Aussprüche! In seiner großen Volkstümlichkeit geht das Kirchweihfest auf ein germanisches Herbstthing und Sippenfest zurück, das den Abschluß der Weidezeit mit kultischen Feiern und gerichtlichen Volksversammlungen brachte. Der fast unübersehbare Reichtum an landschaftlichen Bräuchen kann nur in den Hauptzügen angedeutet werden: in manchen Gegenden ist am Kirchtag, wenn der „Zachäus wachelt", das heißt, wenn die Kirchweihfahne am Turm ausgesteckt ist, das Einholen der Nachbarburschen mit Musik und das „Heimgeigen" der Liebespaare üblich. Altem Volksglauben nach brachte das fleißige Mittanzen auf den Kirchweihbällen guten Ertrag auf den Feldern. Früher benötigte man große und vor allem gut zugängliche Plätze zum Abhalten der vielen Kirchweihmärkte und Kirchtagsspiele, geordneten Wettkämpfen und Brauchtumsspielen wie Hahnenschlagen, Kirchweihhammel austanzen, Fahnenreiten, Hähne auswürfeln und verschiedenerlei Dorfschauspielen. Auch soll nach dem Volksglauben ein Kind, das an Kirchweih geboren wird, ein besonders langes Leben haben; es gilt als ein Gast, der nicht weggeht.

Am 21. Oktober, dem Tag der heiligen Ursula mit ihrem legendären Gefolge von 11.000 Jungfrauen, beginnt der sogenannte „Altweibersommer"; die fliegenden Fäden kleiner Spinnen, die in der klaren Herbstluft deutlich erkennbar sind, gelten seit jeher im Volksglauben als glückbringend. Unter den Namen Marienseide, Frauensommer und Liebfrauenfaderl sind sie als Herbstboten bekannt.

Am 24. Oktober ist der Tag des heiligen Raphael, der nach einer Legende einen Blinden auf seiner Reise begleitet und geheilt haben soll. Im Volk wird er als Erzengel, Arzt und Patron der Reisenden verehrt; übersetzt bedeutet sein aus der hebräischen Sprache stammender Name: Gott heilt. In diesen Tagen schaut der Bauer recht aufmerksam am Himmel nach dem Gestirn der Plejaden, dem Siebengestirn, volkstümlich auch „Gluckhenne" benannt. Dieses Sternbild ist im bäuerlichen Volksglauben ein ziemlich zuverlässiger Wetteranzeiger. Wenn es nämlich regnet, bevor dieses Gestirn untergeht, so soll ein fruchtbares Jahr kommen; wenn es während seines Untergehens regnet, rechnet man mit einem mittelmäßigen Jahr, und wenn sich Regen nach dem Untergang der Plejaden einstellt, soll sich damit ein langer Winter ankündigen. Jetzt ist auch die rechte Zeit, den Süßmost mit Salbei und anderen bestimmten, meist geheimgehaltenen und wohlbehüteten Kräutern nach uralten Rezepten und bäuerlichen Familienüberlieferungen der Mostbauern zu versetzen; denn wird der Most übermäßig genossen, kann er, alten Beobachtungen zufolge, sehr schmerzhafte Steine im Körper erzeugen.

Der Volkswitz hat für den Simon- und Judastag mit einer volkstümlichen Worterklärung einen Festtag für alle Simanndln und Pantoffelhelden geprägt; weit im Volk ist der Spruch verbreitet: „Sie Mon und Er Weib, Sie haut und Er schreit." Der 28. Oktober ist ein Wallfahrtstag alter Prägung, und die Volksmedizin belehrt uns, daß zu diesem Zeitpunkt die Simonswurz heilkräftig ist.

Ein fröhlich-ernster Wettkampf und wirklicher Volkssport ist im Bergland des südlichen Oberösterreich, im Salzkammergut und Ausseer Land das „Stachelschießen". Ihren Namen führen die Schützen nach einem altertümlichen Gerät, dem „Stachel", womit die Armbrust und gleichzeitig auch das Geschoß, der stahlbewehrte Bolzen (Stachel) gemeint sind. Wenn Ende Oktober die kühlen Herbstwinde spürbar sind, rüsten sich Männer und Burschen zum Schlußschießen, das mit Schützenmahl und Volkstanz verbunden ist. Es ist schwierig, mit einem Stachel zu schießen; Wind und jede Witterungsänderung beeinflussen Weite und Höhe des Schusses. Eine ganz leichte Verschiebung in der Lage des Bolzens kann die Geschoßbahn vollkommen verändern. Tagelang vor dem Schlußschießen und Schützenmahl werden die Schießstände und „Panzer", wo die Scheiben aufgezogen werden, mit langen Blumen- und Tannengewinden verziert. In der Nacht vor dem Schützensonntag wird der „Fahnlbaum" aufgestellt; vom frühen Morgen an flattern bunte Seidentücher (für jeden Schützen eines) vom Festbaum, unter dessen Schutz sich das eigentliche Schießen vollzieht. Die Schützenmusik, zwei Seitelpfeifer und ein Trommler, nehmen ihre Plätze ein, und nun fallen die ersten Schüsse. Wenn am Spätnachmittag alle Schützen „durchgeschossen" haben, ordnet sich der Schützenzug, der vom Schießplatz durch den Ort zum Schützenheim zieht. Beim nun folgenden Schützenmahl sind Leberknödelsuppe, Braten und Salat, Kaffee und Kuchen die traditionellen Speisen. Hier kommen auch die alten, langgeübten Volkstänze, gradtaktiger Landler und Schleuniger, zu ihrem Recht, ebenso der folgende „blaue Schützenmahl-Montag"! Der letzte Tag im Oktober ist dem heiligen Wolfgang, dem Hirtenbeschützer und Wetterherrn geweiht. Der Kult des volkstümlichen Heiligen ist besonders in Oberösterreich, Baiern und Böhmen verbreitet. Die Legende weiß zu berichten, daß Sankt Wolfgang, später Bischof von Regensburg, Quellen aus dem Fels zu schlagen vermochte, und sein legendärer Beilwurf an der Falkensteinwand über dem Abersee (Wolfgangsee) begründete das „Wolfgangihackl", ein zu allen Zeiten weitverbreitetes Amulett, das um den Hals getragen, gegen vielerlei Erkrankungen schützen soll.

Häckselschneidemaschine

Bauern- und Wetterregeln im Oktober

Fallt's Laab (Laub) auf Leodegar (2. Oktober), so is 's nächste a fruchtbar's Jahr / Bringt der Oktober viel Frost und Wind, werden der Jänner und Feber gelind / Schneit's im Oktober gleich, ist der Winter weich / Fällt im Wald das Laub sehr schnell, ist der Winter bald zur Stell' / Nach Sankt Gall' bleibt dö Kuah im Stall / Am Sankt-Gallus-Tag muß der Apfel in den Sack / Folgende Prophezeiung soll aber lieber nicht eintreffen: Sankt Gallen läßt den Schnee fallen / Wie es der Ursulatag beginnt, es der Winter nimmt / Zu Ursula muß das Kraut herein, sonst wird's noch lange draußen sein / Simon und Jud' – backt d' Bäurin koani Nud', so is sie a Trud! / Sankt-Wolfgang-Regen verspricht ein Jahr mit Segen.

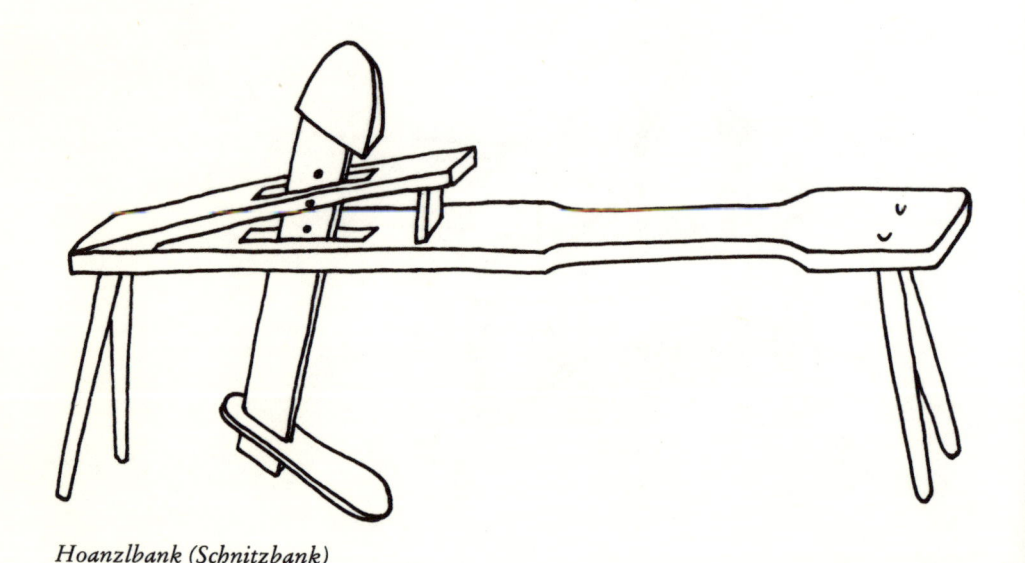

Hoanzlbank (Schnitzbank)

Drescharbeit und Brech'ln im Wolfsmonat

Zu Beginn des Novembers, des Wolfs- oder Wintermonats, wurden die Gemeindehirten entlohnt. Meist am Sonntag vor Martini bekamen die ab Georgi gedungenen Vieh- und Schafhirten ihren ausgemachten Lohn und überdies noch von den Bäuerinnen eine Anzahl Naturalien. Diese freiwilligen Schenkungen waren die Grundlage eines Bauernbrauches, der als „Hüterstift" bezeichnet wurde. Wenn das Hirtenhorn erklang, richtete die Bäuerin die Sachen her und bald darauf klopfte der Hirt dreimal an die Haustüre und überreichte beim Öffnen dem Bauern die Martinsgerte, eine Birkenrute. Diese „Mitlasgert'n", wie die Hirtenrute genannt wird, ist eine Lebensrute, die der Hirte an seinem Einstehtag aus dem Stall des Bauern genommen hatte.

„Schlagt ma 's Körndl luschti aussa, toan die Drischln luschti klesch'n, soll'n die Körndln paarweis springa, müaß'n Buam und Menscher dresch'n." Nach Allerheiligen, wenn nun auch wirklich alles unter Dach ist, ist die Hauptzeit des Dreschens. Heute besitzen allerdings die meisten Bauern Dreschmaschinen mit elektrischer Kraft oder Benzinmotoren, nur ganz vereinzelt wird noch händisch gedroschen. In vielen Tennen hängen noch die „Drischl'n" und erinnern an das einstmals vertraute taktmäßige Schlagen, das aus allen Tennböden der Körndlbauern an jedem Spätherbsttag weit zu hören war. Mit den Drischln mußte man „auf'n Schmiß dresch'n", der Schwengel mußte selbst zurückfliegen, wenn er auf die Garben auffiel. Die Schwengel, die länger als der Stab sind, zieht man „vorauf", dreht sie um den Kopf und schlägt sie nieder. In den Ostalpen ist auch noch der „Plöschstuhl" zu finden, obwohl er dort, wo mit der Maschine gedroschen wird, auch nicht mehr gebraucht wird. Zwei gleichlaufende längere Balken, in denen je zwei Füße stecken, und ein gleichlaufender schwächerer Balken zwischen diesen Füßen, sind beim Plöschstuhl durch eine große Anzahl von Sprossen verbunden. Auf ihm „plöscht" (ausschlagen) man Hafer-, Roggen- und Weizengarben, um rascher vorwärts zu kommen. An einer Schmalseite stehen zwei Männer und schlagen mit den Garben auf den Stuhl, ein anderer löst die geschlagenen Garben auf und ein vierter „macht Schab" (Strohbündel), wobei das Stroh händisch „ausg'schüttet" wird, damit die Körner herausfallen. Zum Schluß wird um das Schab ein Band herumgebunden. Das Stroh, das unter dem Plöschstuhl mit dem Rechen herausgerecht wird, kommt zum Dreschen. Die vielen Einzelarbeitsgänge, die beim Dreschen anfallen, würden in detaillierter Aufzählung den Rahmen dieser arbeitskundlichen Betrachtung sprengen; das Dreschen endet mit dem „Reitern", zuerst mit einem großen Sieb, dann mit jenem, das für das betreffende Korn bestimmt ist. Darauf folgt das „Abwind'n" in der Getreidewinde, wobei das sogenannte „Hinterkorn" (für die Maische) vom eigentlichen Getreide geschieden wird. Dieses wird in den „Troadkast'n" (Getreidekasten) getragen und dort in die „Troadbarr'n" (Getreidebarren) geschüttet.

Eine Novemberarbeit, die heute auch längst nicht mehr allgemein ist und vom Bauern als „a schiache Arbeit" bezeichnet wird, ist das beschwerliche „Brech'ln". Etwa einen halben Tag vor Beginn der Brechelarbeit wurde der Ofen in der Brechelhütte eingeheizt und der „Haar" (Flachs), der im Sommer auf der Wiese gelegen hatte, bis er zu „scheinen" anfing, auf der Bühne im Dörraum ausgebreitet. So um Mitternacht begann man zu brecheln und blieb, Frühstück und Mittagessen abgerechnet, bis zum Spätnachmittag immer in der Laub'n der Brechelstube, in der es scheußlich zog und staubte, und hob ungezählte Male den beweglichen Teil der Brechel. Aus dem Dörraum drang die Hitze heraus, und von draußen ging es novemberlich kalt in den Arbeitsraum. Wenn es tagsüber manchmal auch noch ein wenig durchwärmte, so wurde es den Brechlerinnen, die stundenlang auf dem gleichen Fleck stehen mußten, in den Füßen doch recht kalt. Eine erfahrene und verläßliche Dirn beobachtete bei den schweren „Überschlagbrech'ln" und gab den Weiberleuten bei den leichteren „Woachmacherbrech'ln" immer wieder neue „Poas'n" (Flachsbündel) aus dem Dörraum. Bald nach dem

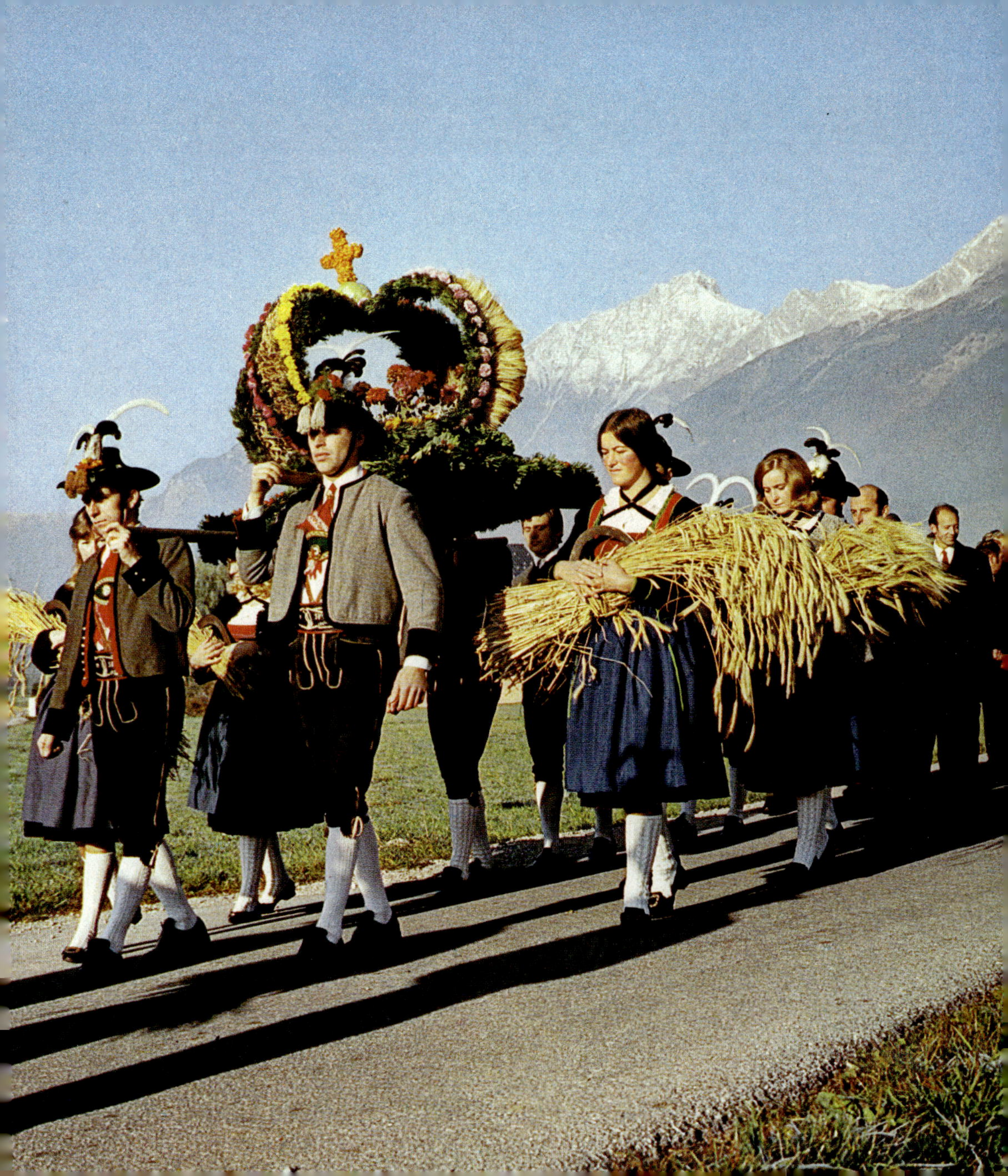

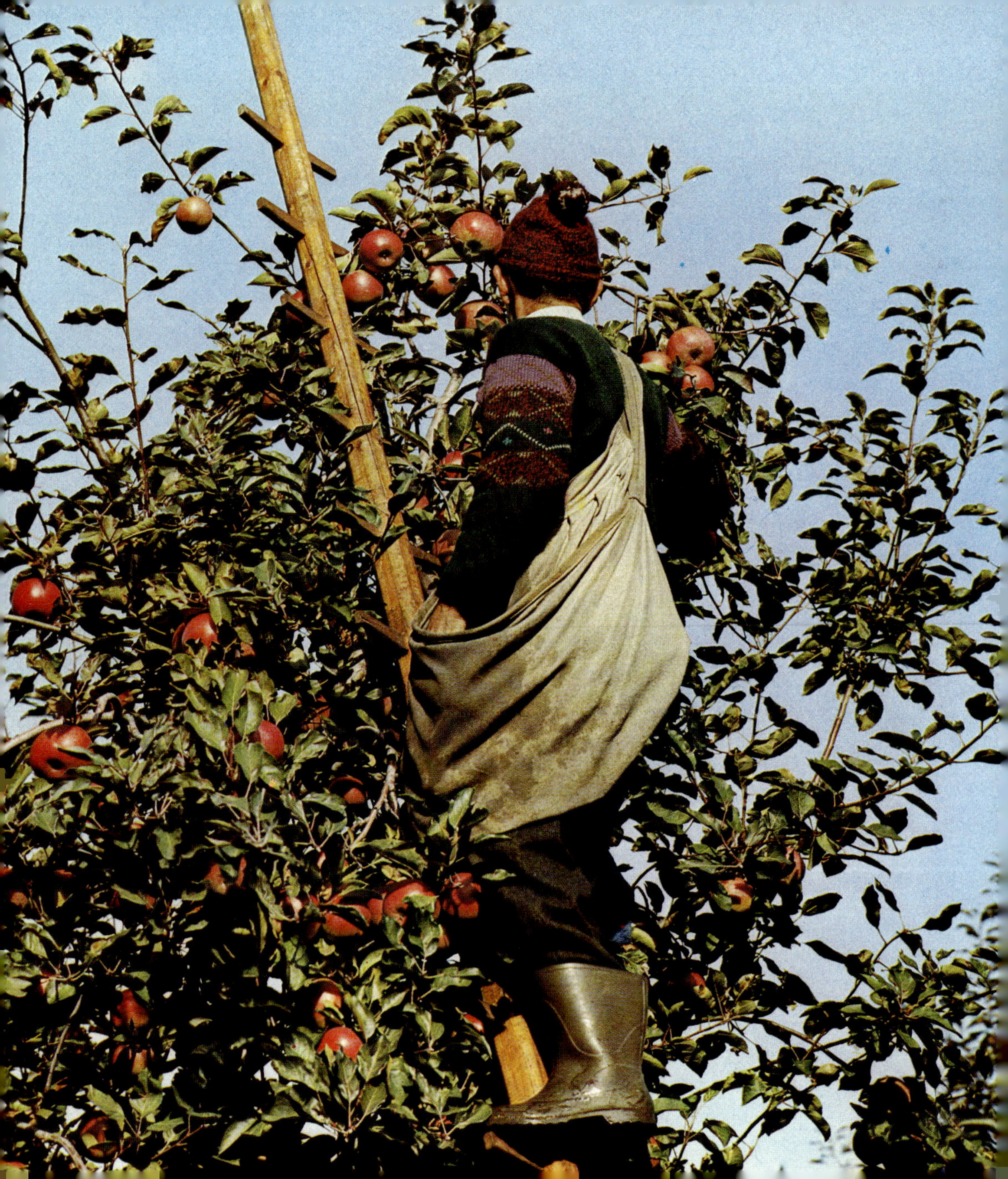

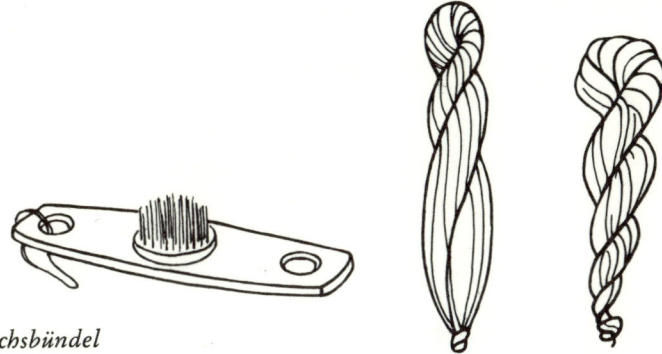

Flachshechel und Flachsbündel

Brecheln wurde der Haar im Unterdach oder an einem windstillen Tag im Freien von der Bäuerin „g'hachlt", durch die vielspitzige „Hachl", die oft zweifach auf einem vierfüßigen Hachlstuhl angebracht war, gezogen, wobei die feinere „Reist'n" vom „Werch" getrennt wurde. Aus der Reist'n wurde der Bauernzwirn gesponnen und die äußerst haltbare Reistenleinwand erzeugt; aus dem Werch machte man die gröbere „rupfete Leimat", wie man in Kärnten sagt.

Dreschen und Brecheln währte früher in manchen alpenländischen Gebieten bis Anfang Dezember, Tag für Tag, vom Morgen bis zum Dunkelwerden; heute verkürzt die Dreschmaschine diese Arbeit auf wenige Tage. Aber es gibt im November genug andere Arbeit: die Abkehr'n (Wegrasten) werden „schean ausg'macht", bevor es zufriert. Bei trockenem Wetter kann man „Furchführ'n", und wenn die Wasserleitung über den Sommer schadhaft geworden ist, muß man Brunnrohr leg'n. Viel Arbeit macht das „Mahl'n und Möst'n", die Futterbereitung für die Fack'n, die zu dieser Zeit gemästet werden, und für die Rinder, die jetzt ebenfalls besonders gut gefüttert werden müssen. Die Frauen und Mägde hacken oft lang in der Laub'n im Hacktrog das Schweinefutter, und alle am Hof schneiden im Stadel tagelang Futter für Rösser und Kühe. Öfters als sonst im Jahr klappern um diese Zeit vereinzelt noch die Hausmühlen.

Im November drängt die Bauernarbeit doch nicht mehr so wie im Sommer, man hat endlich etwas Zeit und kann es sich zwischendurch „wohl g'scheachn" sein lassen. Wohl ist ein etwaiger Schaden an einem Güterweg zu beheben, den

Apfelernte bei Kaltern, Südtirol

ein Unwetter angerichtet hat, oder der Wind hat das Dach eines Futterstadels beschädigt, aber für diese Arbeiten und Ausbesserungen hat man etwas mehr Zeit als im Sommer, wo alles zusammenkommt. Früher wurden neue Heuwägen oder Seile selbst hergestellt, weil man die bäuerliche Selbstversorgung noch groß schrieb.

Wenn der Bauer im Spätherbst auf den Vieh- und Krämermärkten Vieh verkaufte, mußte er es für den Viehhändler und Käufer häufig stundenweit treiben; heute erleichtert ihm der motorisierte Viehan- und -verkauf den Viehhandel wesentlich. Aber eines bleibt wohl auch in den ruhigeren Novembertagen auf keinem Bauernhof aus, nämlich die Mühe und Sorge, der Zeitverlust und häufig der Abbruch der dringend benötigten Nachtruhe, wenn ein Tier im Stall kalbt oder erkrankt. Diese Sonderbelastung kann auch die moderne technisierte Landwirtschaft keinem Bauern ersparen oder abnehmen.

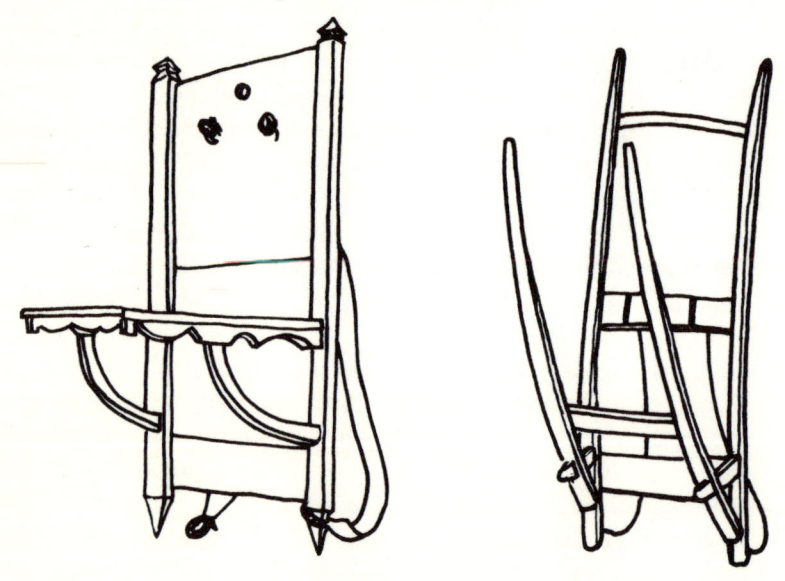

Rückentraggestelle (Kraxen)

Kult und Brauch im November

Im Jahre 609 stiftete Papst Bonifazius IV. den Allerheiligentag, der dem Gedächtnis aller Märtyrer und Heiligen geweiht wurde. Zunächst aber galt er nicht als allgemeiner Feiertag; er wurde nur in den Klöstern feierlich begangen. Erst Papst Gregor IV. führte ihn im Jahre 827 für den Gesamtbereich der abendländischen Kirche ein. Etwa hundert Jahre später bestimmte Abt Odilo den 2. November in seinem zu Cluny in Burgund gelegenen Kloster zum Totengedenktag, und nannte ihn Allerseelen. Genau wie der Allerheiligentag wurde auch der Tag Allerseelen zunächst nur in den Klöstern begangen; erst im Jahre 999, nach anderer Forschung 1048, gab der päpstliche Stuhl dem Allerseelentag am 2. November den Charakter eines offiziellen katholischen Feiertages.

Aus der volkstümlichen Vorstellung vom Einzug der Verstorbenen und armen Seelen in der Allerheiligen-Allerseelennacht, entwickelte sich im Inn- und Mühlviertel der Brauch, diesen Einzug der „Armen Seelen" sichtbar darzustellen. Noch in den dreißiger Jahren zogen die „Armen-Seelen-Geher" vermummt durch die Dörfer, klopften an die „Bettelfenster" der Bauernhöfe und empfingen die dunklen, in runder oder länglicher Form ausgebackenen „Seelenbrote". Diese Heischeumzüge, die ein Privileg der Kinder und ärmeren Leute wurden, nennt man „in die Seelenweck'n geh'n".

Aus der Sicht der verschiedenen volkstümlichen Totenbräuche gewinnt die Allerseelenzeit den Charakter eines Jahresanfangs; auf diesen alten Volksglauben weist die „Himmelsleiter" hin, eine der schönsten brauchtumsmäßigen Gebäckformen Oberösterreichs. Doppelspiralen, die in vier und mehr Stücken zu je einem Teilbrot aneinandergebacken werden, ergeben die Himmelsleiter, die als Allerseelenbrot belegt ist. Dieses Gebildbrot wird vorwiegend von den Eltern den Kindern zu Allerseelen geschenkt. Die Zeilenform des Gebäcks, die das Teilen erleichtert, erscheint einem verständlich, wenn man an das herkömmliche Austeilen an Fremde und Kinder denkt, wie dies seit eh und je der Brauch ist. Der Name „Himmelsleiter" wurde oft mißverstanden und führte zur naturgetreuen Nachbildung einer wirklich kleinen Leiter als Allerseelenbrot. Einerseits versinnbildlicht dieses alte Kultgebäck die im Glauben verschiedener Völker oft erwähnte Himmelsleiter, auf der Träumende und Tote in den Himmel aufsteigen, andererseits wurde es zum Sinnbild der sich emporschraubenden Bahn der winterlichen Sonne.

Eine Selbstverständlichkeit war früher am Abend des Allerheiligenfestes der Arme-Seelen-Rosenkranz, zu dem sich alle Hausbewohner vor dem mit brennenden Kerzen geschmückten Herrgottswinkel oder „Altarl" zusammenfanden. In allen katholischen Gegenden hat sich bis heute die schöne Sitte des „Gräberumgangs" erhalten. Die Pfarrangehörigen, alle „in der Klag", in der überlieferten dunklen Trauertracht, ziehen in einer Prozession durch den „Freithof" oder Gottesacker; während der Geistliche die Gräber segnet, wird „über die Gräber geläutet".

Die Tage vor Allerheiligen haben alle untereinander gewetteifert, die Gräber besonders schön zu schmücken. Während der Gräbersegnung brennt auf jedem Grab ein Allerseelenlicht. Leider verschwinden immer mehr die schmiedeeisernen Grabkreuze mit den gemalten Bildern und verschließbaren Taferln. Die nach Schablone hergestellten gußeisernen Kreuze oder monumentalen Grabsteine sind ein schlechter Ersatz dafür.

Für die Allerheiligentage können wir weithin vom ländlichen Teil unseres Volkes die echte Art des Grabschmückens lernen; man schaue sich die schlichte Schönheit möglichst einschichtig gelegener Bauernfriedhöfe und ihres Schmuckes an: Moosgewinde und Moosdecken mit eingestecktem grauen Baumbart und aufgelegten Efeublättern, Buchskränze mit Bändern und Rauschgold, Georginen- und Asternschmuck und kleine Talglichter.

Allerheiligen und Allerseelen am Hallstätter See: inmitten des Gottesackers von Hallstatt ist die Michaelskapelle hart an den Fels gebaut. Unten, im kühlen Gewölbe, das nach Osten hin mit einer schmiedeeisernen Türe verschlossen ist, liegen in Reih' und Glied über eintausenddreihundert Schädel säuberlich aufgestapelt. Auf dem Stirnbein jedes Schädels sind in Volkskunstmanier Rosen, Vergißmeinnicht und Efeu aufgemalt. Die Namen der Verstorbenen stehen dabei und erinnern an erloschene Geschlechter des jahrtausendealten

Winterbeschäftigung der Bauern: Dreschen und Holzhauen. Im Hintergrund der Gutsherr auf der Jagd.

Ortes. Der Brauch, Schädel zu bemalen und im Karner aufzubewahren, ist heute noch lebendig. Der kleine Fassungsraum des Hallstätter Friedhofs bedingt, daß die Grabesruhe nicht ewig währt; nach zehn Jahren muß ein Grab geräumt werden. Wenn die Angehörigen den Schädel des Verstorbenen ins Beinhaus bringen wollen, wird dieser vom Totengraber unter dem „Fürgang" den ganzen Sommer über jedem Wetter, vor allem der bleichenden Sonne ausgesetzt. Zwischendurch wird der Schädel mit Wasser besprengt. Das ist der einzigartige

Hallstätter Karner. Der dortige „Gräberbesuch" an den Allerheiligentagen ist wohl der merkwürdigste im ganzen Alpenland.

Am 3. November gedenkt die alpenländische Jägerschaft ihres Schutzpatrones Sankt Hubertus, der an diesem Tag des Jahres 727 als Bischof in Lüttich verstarb. Im 9. Jahrhundert erscheint Hubertus vereinzelt als Jagdpatron, dem die erste Beute geopfert wurde. Heute ist sein Patronat allgemein verbreitet. Seit dem 10. Jahrhundert wurde Sankt Hubertus auch zum Beschützer vor Tollwutverletzungen. Seine Eigenschaften als Schutzherr von Jagd und Wald erinnern an Gestalten der germanischen Sage und an die Volkssage vom wilden Jäger.

Am 6. November ist der Tag des heiligen Leonhard, der in früheren Jahrhunderten vorzugsweise Patron der Hammerleute und Befreier der Gefangenen war; sein Attribut ist die Kette. Kapellen und Kirchen, die meist auf Anhöhen und ehemals heidnischen Opferplätzen liegen und häufig von einer Eisenkette umspannt sind, wurden dem Heiligen in größerer Zahl erst nach 1100 geweiht. Sein Patrozinium wurde im Laufe der Zeit den großen Jahresfesten gleichgestellt; denn als wichtigster Viehpatron und Roßheiliger steht Sankt Leonhard in den Alpenländern in hoher Verehrung. Als Haus- und Stallsegen findet man das Bild des Heiligen an Stalltüren und Almwegen. Im Zillertal war es im vergangenen Jahrhundert noch Brauch, daß Mädchen ihr aufgelöstes Haar mit dem Taufwasser von Leonhardskapellen befeuchteten. Zahlreiche Votivgaben wie Hufeisen, wächserne und eiserne Tierfiguren, sogenannte „Ewigrinder", und Ketten findet man in den Leonhardiheiligtümern der Alpenländer, die vom Vertrauen und der Gläubigkeit der Landbevölkerung zum heiligen Leonhard zeugen. Alljährlich am Leonharditag finden in vielen Gegenden Pferdeumritte, sogenannte Leonhardifahrten und -ritte, und Pferdebenediktionen statt. Dabei kann man manchmal noch beim Schmuck der Rösser ein Dachsfell mit rotem Flanelltuch und an den Ohren der Tiere zwei Silberplatten zur Dämonenabwehr sehen. Der dreimalige Umritt um das Leonhardskircherl mit Segnung der Rösser und Wallfahrer, das „Leonhardidreschen", ein taktmäßiges Peitschenknallen zur Dämonenvertreibung, die Benediktion von Brot und Salz

Geschichtenerzählen beim Türkenpratschen

und zugleich das letzte Bauerntreffen großen Ausmaßes im Jahr, kennzeichnen den Leonharditag in seiner Mischung religiösen und weltlichen Brauchtums.

Der Martinitag am 11. November ist dem Gedenken des heiligen Martin geweiht. Als Ritter auf einem Schimmel hat ihn der Volksglaube vielfach mit der Gestalt des Schimmelreiters verwoben. Sankt Martin ist um das Jahr 340 post Christum natum in Steinamanger in Pannonien (Burgenland) geboren; er gründete um 370 in Frankreich das erste abendländische Kloster. Martin galt als Schutzheiliger der nachmalig fränkischen Gebiete und wurde im Laufe der Zeit zum Hirtenpatron und Wetterherrn. Wenn wir einer scherzhaften Volksbenennung folgen, so wurde Martin zum langweiligsten Heiligen, weil er, obwohl auf einem Schimmel reitend, erst nach „Allerheiligen" eintrifft! Auf alte Hirtenbräuche und den früheren Weidewechsel zu Beginn des Winterhalbjahres geht der am Martinitag erteilte Halter- oder Martinisegen zurück. Die Martinsgerte galt als alter Fruchtbarkeitszauber der Hirten. Der „Nebeneigenschaft" des heiligen Martin als Schutzherr des Weines wurde im „Martinitrunk" als Erstlingsopfer des heurigen Weines zugunsten der zukünftigen Frucht gedacht. Früher gab es zu Martini ein krallenförmiges Kultgebäck, die sogenannten Martinikrapfen. Der heilige Martin wird in einer volkstümlichen Sage mit der Gans, der Martinigans, in Zusammenhang gebracht: als er zum Bischof ausgerufen wurde, versteckte er sich aus Bescheidenheit in einem Gänsestall, doch die aufgeregten Gänse verrieten ihn den nach ihm suchenden Boten duch ihr ängstliches Geschnatter. Viele Gänse müssen seither am Martinitag ihr Leben lassen und werden obendrein noch, nachdem sie verspeist sind, zu Wetterpropheten; denn: ist das Brustbein der Gans rötlich-braun, so soll ein strenger und harter Winter kommen, ist es hingegen weißlich, soll es häufig regnen. Martini war im alten Bauernleben ein wichtiger Zins- und Termintag, auch war einstens das Martinsfeuer so allgemeiner Volksbrauch, daß man vielerorts vom Martinstag als dem „Funkentag" sprach. Nachdem das Feuer niedergebrannt war, wurde mit Fackeln aus ausgehöhlten Kürbissen und Rüben, auch Bohnenstangen mit Stroh, ein Umzug abgehalten. Der grüne Zweig spielte im Martinsbrauchtum eine wichtige Rolle: in Baiern und Kärnten gingen die Hirten in die Bauernhöfe, überreichten einen Birkenzweig, der an der Spitze einige Blätter haben mußte, dazu etliche Eichen- und Kranawittzweige und sagten einen Spruch auf. Mit dem Birkenzweig wurde im kommenden Frühjahr das Vieh zum erstenmal auf die Weide getrieben. Mit Martini beginnt die Schneezeit; zu diesem Zeitpunkt muß das Weidevieh endgültig im Stall sein. Aber auch die kleineren Haustiere sind am Martinstag nicht vergessen; denn als ihr Beschützer erscheint der heilige Martin schon in einem „Wiener Hundesegen" aus dem 10. Jahrhundert.

Am 22. November ist der Tag der heiligen Cäcilia, die als Patronin der Musiker, vor allem der Kirchenmusik gilt. Ihr Bild findet sich häufig in der Nähe von Kirchenorgeln. Besondere Verehrung genießt Cäcilia bei den Musikanten und Geigenmachern, die den Cäcilientag festlich begehen.

„Kathrein schließt Baß und Geigen ein"; dieses volkstümliche Gebot beendet am 25. November, dem Kathreintag, alle dörflichen Tanzveranstaltungen und leitet die sogenannte geschlossene Zeit ein. Sankt Katharina, eine Märtyrerin aus Alexandria in Ägypten, wurde seit den Kreuzzügen zu einer der mächtigsten Fürbitterinnen; nach der Legende hat sie eine ganze Reihe von Patronaten, vor allem wurde sie zur Schutzheiligen der Gelehrten und Studierenden, da sie nach der Überlieferung fünfzig Philosophen zum christlichen Glauben bekehrt haben soll. Die übrigen Patronate leiten sich von ihrem Martyrium her. Ihr Attribut, das Rad, machte sie beispielsweise zur Beschützerin der Müller, Schleifer und Spinnerinnen, und am Kathreintag darf sich nach altem Volksglauben kein Rad bewegen. Im Bauernjahr bringt der Kathreintag das Ende der Weidezeit, und die Bienenstöcke werden wieder unter das Dach gestellt; es beginnt die Zeit der Schafschur und somit auch die Arbeit am Spinnrad.

Der letzte Tag des Monats November ist dem heiligen Andreas geweiht; das Attribut des Apostels ist ein schräggestelltes Kreuz, da er nach mittelalterlicher Überlieferung daran den Martertod erlitten haben soll. Im Volksglauben der Alpenländer ist die Andreasnacht eine bedeutende Losnacht; früher begannen zu diesem Zeitpunkt Dämonenabwehr und Fruchtbarkeitszauber der beginnenden Mittwinterzeit. In Nordböhmen wurden die Mägde von den Bäuerinnen mit Garn beschenkt, das am Andreasabend gesponnen wurde. Mancherorts stellte man schon zu Andreas frische Zweige ins Wasser, um später an der Färbung der Blätter die Heiratsaussichten zu erforschen. Auch soll dem Volksglauben nach in der Andreasnacht im Wandspiegel, im Kamin oder im Wasserspiegel des Hausbrunnens das Bild des Zukünftigen sichtbar werden. Sankt Andreas wurde wegen des hölzernen Andreaskreuzes in Holzorten häufig zum Kirchenpatron erwählt.

Bauern- und Wetterregeln im November

Hat Allerheiligen Sonnenschein, wird Martini umso kälter sein / Um Allerseelen kalt und klar, macht auf Weihnacht' alles starr / Anfang November viel naß, auf den Feldern viel Gras / Wenn es nach Allerheiligen feucht ist, so erhofft man viel Schnee / Hängt das Laub in November rein, wird der Winter ein langer sein / Wolken am Martinitag, der Winter unbeständig werden mag / Wenn die Gans vor Martini ausrutscht, kann sie nach Martini ins Wasser steigen / Martini – stell inni (das Vieh wieder in den Stall einstellen) / Wann's vor Mitte November schneibt, halt' an Pelz bereit / Sankt Elisabeth zeigt an, was der Winter für ein Mann / Ist an Mariä Opferung (21. November) das Wetter schön bestellt, daß der Imp (Bienen) den Ausflug hält, so ist das nächste Jahr fürwahr, ein böses teures Hungerjahr / Sankt Clemens (23. November) uns den Winter bringt / Wäscht Kathrein, so trocknet Andreas / Wie Kathrein, wird's Neujahr sein / Wann koa Schneafall auf Kathrein is, auf Andreas kummt er g'wiß.

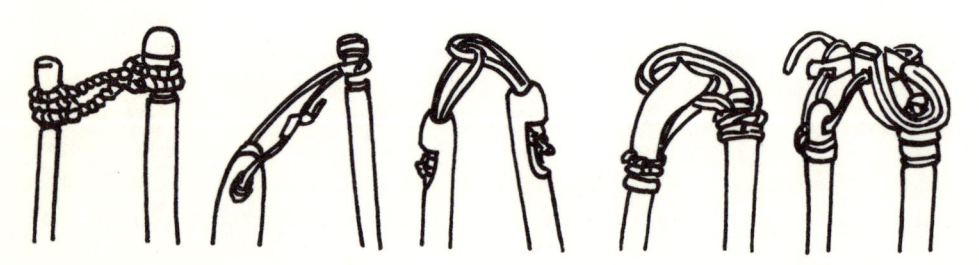

Dreschschlegel-Verbindungen

Schlachtig'n und Roasgeh'n im Christmonat

Die alten Bauern waren in der Winterzeit beim Füttern recht „hoakl" (heikel); sie fütterten stets selbst und ließen sich nur beim „Wassern" (Tränken) helfen. Vor allem im Dezember, im Christmonat, wenn es auf Weihnachten zu ging, war man mit dem Futter recht freigebig: „Vor Weihnächt'n sollt ma fuattern, wia wann ma alls vor Weihnächt'n verfuattern wollt." Da hieß es dann: „Bua, geah fuattern, gib eah an Buschn für." Nach Weihnachten, wenn die Futtervorräte schon merklich abgenommen hatten, bekam der Bua allerdings nur noch den Auftrag: „Bua, geah wassern!"(tränken).

In den letzten Adventtagen kommt es auf den meisten Bauernhöfen zum „Schlachtig'n", das heute meistens nur ein Schweineschlachten ist, während früher alljährlich auch eine Kuh geschlachtet wurde. Manches Altartige hat sich bis heute beim Sauschlachten bewahrt. In einigen Gegenden der Ostalpen (zum Beispiel im Kärntner Nockgebiet) erwärmt man das Wasser für das „Sauhaar'n" zum Teil noch durch Steine, die im Feuer des Saufutterofens glühend gemacht werden. Anders als die Fleischhauer öffnet man im Nockgebiet das geputzte Schwein nicht über den Bauch, sondern vom Rücken aus. Zunächst werden die Füße und der obere Teil des Kopfes weggeschnitten, dann schneidet man das Schwein über den Rücken auf und trennt den „Speckbach'n" von den Knochen. Über die Verarbeitung der „Blunz'nwürscht" (Blutwürste) und der zur Räucherung bestimmten Bratwürste und über das Geselchte (Rauchfleisch), das dann monatelang als einziges Fleisch mindestens einmal in der Woche auf den Tisch kommt, kann hier nicht im Detail berichtet werden. Beim Schweineschlachten hilft meistens ein Nachbar mit, besonders beim „Sauzuck'n", wenn das Tier aus dem Stall gezogen wird, und beim „Aufibuck'n" auf den Schlitten, auf dem es festgehalten werden muß, bis es der „Schlachtiger", gewöhnlich der Bauer selbst, absticht.

Die Hausarbeit der Bäuerin, einförmig und anstrengend, ist im Winter nicht weniger, höchstens, daß sie in dieser Jahreszeit erst zwischen 5 und 6 Uhr aufstehen muß. Sie macht als erstes das Fruahstuck zurecht, setzt sich aber nicht zum Tisch, sondern frühstückt erst später, wenn sie Zeit dazu hat. Erst muß sie die Tiere füttern, die in ihrer besonderen Obhut stehen: Fack'n und Henn'. Im Winter bekommen die Schweine gekochte Klee- oder Heublumen, die Hühner Topfen (Schott'n), Eierschalen, Gerste, „Türk'n" (Mais) und Überbleibsel. „In d'Nacht 'nei ummabrut'n, ummasock'n oder ummagrotsch'n", also bis spät in die Nacht arbeiten, tut oder sieht man auf dem Land nicht gern; lieber früher aufstehen, um abends zeitig auf die Liegerstatt zu kommen.

Im Winter, wenn die Weiberleut' hie und da noch am Spinnrad sitzen, geht man um neun Uhr abends schlafen. Noch vor wenigen Dezennien, auch in den mageren Nachkriegsjahren, surrten überall die Spinnräder in den Bauernstuben. Als tägliches Maß sollte ein „Strähn" erreicht werden; ein Strähn bestand aus vier „Schnalz", ein Schnalz wiederum war ein kleiner Strähn, der auf der sogenannten „Schnalzhaspel" abgewickelt wurde. Sehr alt war bei dieser Spinnarbeit die Form der abendlichen Gemeinschaftsbetätigung, zu der man sich reihum in den verschiedenen Höfen zusammenfand. In diesen Spinnstuben wurde aber nicht nur fleißig am Spinnrad gearbeitet, sondern auch ausgiebig geratscht und später in den Abend hinein musiziert. Märchen, Sagen und Begebenheiten seltener oder etwas unheimlicher Art aus dem bäuerlichen Lebenskreis waren dabei der ständige Gesprächsstoff.

Im Salzburger Land kannte man jahrhundertelang den Brauch des „Roasgehens": nach dem sonntäglichen Kirchgang wurde ausgemacht, auf welchem Hof man zur „Spinnstub'n" zusammenkommen würde. Am vereinbarten Tag machte sich bald nach dem Mittagessen eine Schar lediger Mädchen auf den Weg; jede Spinnerin hatte dabei ihr Spinnrad mit dem Rocken aufgepackt. In der geräumigen Stube hatten inzwischen die Hausleute schon Platz gemacht;

Abendlicher Heimgarten

auf einigen langen Bänken nahmen die Spinnerinnen ihre Plätze ein und stellten ihre Spinnräder vor sich auf. Die Räder waren bald ebenso schnell in Bewegung wie das Mundwerk, und sehr rasch war die Spule mit fein gewundenem Garn umwickelt. Um drei Uhr nachmittags war Jausenzeit. Seinerzeit gab es dazu gekochte Erdäpfel mit Milch oder kalte „Zwetschkensuppe". Kam noch Most in ausreichender Menge dazu, konnte die Bäuerin sicher sein, daß die Spinnerinnen zufrieden waren. Nach der Jause wurde das Vieh besichtigt, die Bäuerin öffnete in der guten Stube Kästen und Truhen, um stolz ihre säuberlich verwahrten Leinwandrollen herzuzeigen. Nun mußte man aber wieder an die Spinnarbeit denken, aber in der Zwischenzeit hatten die Burschen heimlich die Spinnräder demoliert, so daß sie sich nicht mehr drehen ließen. Die Loder hatten einen „Hund" in die Räder geknüpft, und solch einen Knopf konnten nur Geübte wieder lösen. Dabei mußte das ganze Rad auf besondere Art durch die Schnur gezogen werden. Meistens war es dann mit der Spinnarbeit vorbei, und die Weiberleut' wollten unter Verwünschungen auf die Burschen ihre Spinnräder wieder auf den Rücken nehmen und heimgehen, aber eine weitere Überraschung wartete auf sie: bei der Haustüre empfing sie ein ohrenbetäubender Lärm, verursacht durch Blechtöpfe, Pfannen und Deckel. Ein Großteil der Dorfbuben hatte sich inzwischen vor dem Anwesen der Spinnerinnen eingefunden, um die „Roaserinnen" gehörig zu verabschieden. Zu allem Lärm wurden auch noch die „Freßglock'n" (Dachglocke; wurde zum Essen geläutet, wenn die Knechte und Mägde weitum auf den Feldern verstreut arbeiteten) und aus dem winterlichen Versteck geholte Kuhglocken geläutet, um die Roaserinnen für ihren Heimweg „einzuläuten". Hatten sie sich endlich unter Schimpfen und Lachen zu einem Zug formiert, stellten sich plötzlich vermummte Burschen an die Spitze des Zuges, während andere an den Schluß traten, „damit koans verlor'n geaht". Wehe der Spinnerin, die schneller gehen oder gar mit einer anderen sprechen wollte, unbarmherzig wurde sie von den Vermummten angerufen, ruhig zu sein. Ganz Unfolgsame erhielten eine „Liebkosung" mit Wagenschmiere oder Ruß. Erst wenn der Zug an der Ortsgrenze angekommen war, bildeten die vermummten Burschen ein Spalier und ließen die eingeschüchterten Mädchen unbehelligt weiterziehen. Nun konnten alle ihrem angestauten Ärger Luft machen und reden und „garitz'n", soviel sie wollten. Die eine oder andere mußte sich aber vorher noch den Ruß abwischen; denn so durfte sie sich zuhause nicht sehen lassen, sonst wäre sie zum Gespött der ganzen Hausgemeinschaft geworden. Nach der Arbeit in Haus, Küche und Stall setzen sich die Roaserinnen wieder ans Spinnrad, um den angefangenen Strähn endlich zu vollenden. Das Spinnen auf den Bauernhöfen ist heute schon weitgehend abgekommen; so gerieten auch alle damit verbundenen Bräuche fast völlig in Vergessenheit, zumindest bei der jungen bäuerlichen Generation.

Vor einiger Zeit besannen sich aber ein paar Bauernmädchen auf die früheren Spinnbräuche und gaben dieser Winterarbeit und dem damit verbundenen Brauchtum eine zeitgemäße Wiederbelebung: sie treffen sich winters nicht mehr mit dem Spinnrad auf einem ausgemachten Anwesen zusammen, sondern mit dem Strickzeug! Und damit ist eine sinnvolle und mit Arbeit erfüllte Brauchtumserneuerung ganz von selbst gegeben. Die Sache ist des Nachdenkens wert; ein in unserer Zeit als überholt empfundener Arbeitsvorgang oder Brauch muß nicht gleich vollkommen abgetan werden, mit Freude an Arbeit und Brauch kann in manchem eine zeitgemäße Erneuerung entstehen.

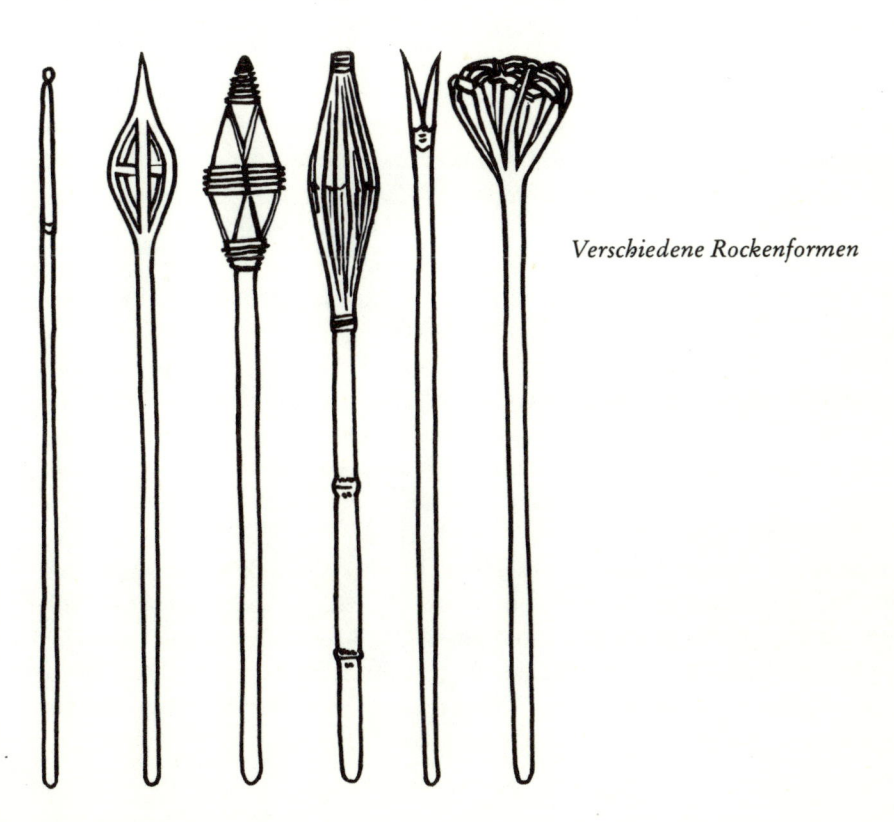

Verschiedene Rockenformen

Kult und Brauch im Dezember

Der heilige Eligius, um 650 Bischof von Noyon und Patron der Hammerleute und Schmiede, wurde am 1. Dezember mit eisernen Votivgaben bedacht. Nach dem ersten christlichen Jahrtausend entwickelte sich der Advent, vom lateinischen „adventus" in der Bedeutung der Ankunft des Erlösers, zu einer Buß- und Fastenzeit mit strengen kirchlichen Geboten. Religiöses und weltliches Brauchtum sind im Advent eng miteinander verbunden. Im Innviertel zogen Musikanten zum Adventeinblasen durch die Dörfer, mancherorts kannte man Adventumzüge mit Gestalten der germanischen Mittwinterzeit, wie Erbsenbär, Hexe, Schimmelreiter und Percht. Die letzten Überbleibsel dieser Umzüge sind die heutigen Adventumgänge der Anklöckler. Nach altem Volksglauben soll der Traum vom ersten Adventsonntag, wenn in manchen Gotteshäusern der Adventkranz geweiht wird und die Glocken zum ersten Rorate- oder Engelamt über das winterliche Land tönen, in Erfüllung gehen, und die kommenden vier Quartale bringen all das, was man in den Nächten der vier Adventsonntage träumt.

Am 4. Dezember ist Barbaratag; die heilige Barbara, Patronin der Bergleute und Mineure, wird zu den Vierzehn Nothelfern gezählt. Weit verbreitet in allen Alpenländern ist der Brauch, Zweige von Äpfel-, Birn-, Zwetschken-, Kirsch- oder Weichselbäumen, sogenannte „Barbarazweige", in ein Gefäß mit Wasser zu stellen. Um Weihnachten beginnen die Zweige zu blühen und werden, wie der Volksmund sagt, „in den Weihnächten zum Barbarabaum". Je schöner die Zweige erblühen, umso fruchtbarer und segensreicher soll das kommende Jahr werden. Die sogenannte Barbarawurzel (Allium victorialis), im Volk häufig als Kraft-Sieg-Wurzel bekannt, verlieh nach mittelalterlichem Volksglauben angeblich Unverletzbarkeit. Früher wurden am Barbaratag die Obstbäume mit Stroh umwunden, damit das erste Einströmen der neuen Säfte nicht von Unholden gestört werde; denn mit diesem Tag beginnt die Hauptzeit für Weissagung und geheimnisvoll dunklem Zauber, aber auch lichtfrohem Hoffen und Erwarten.

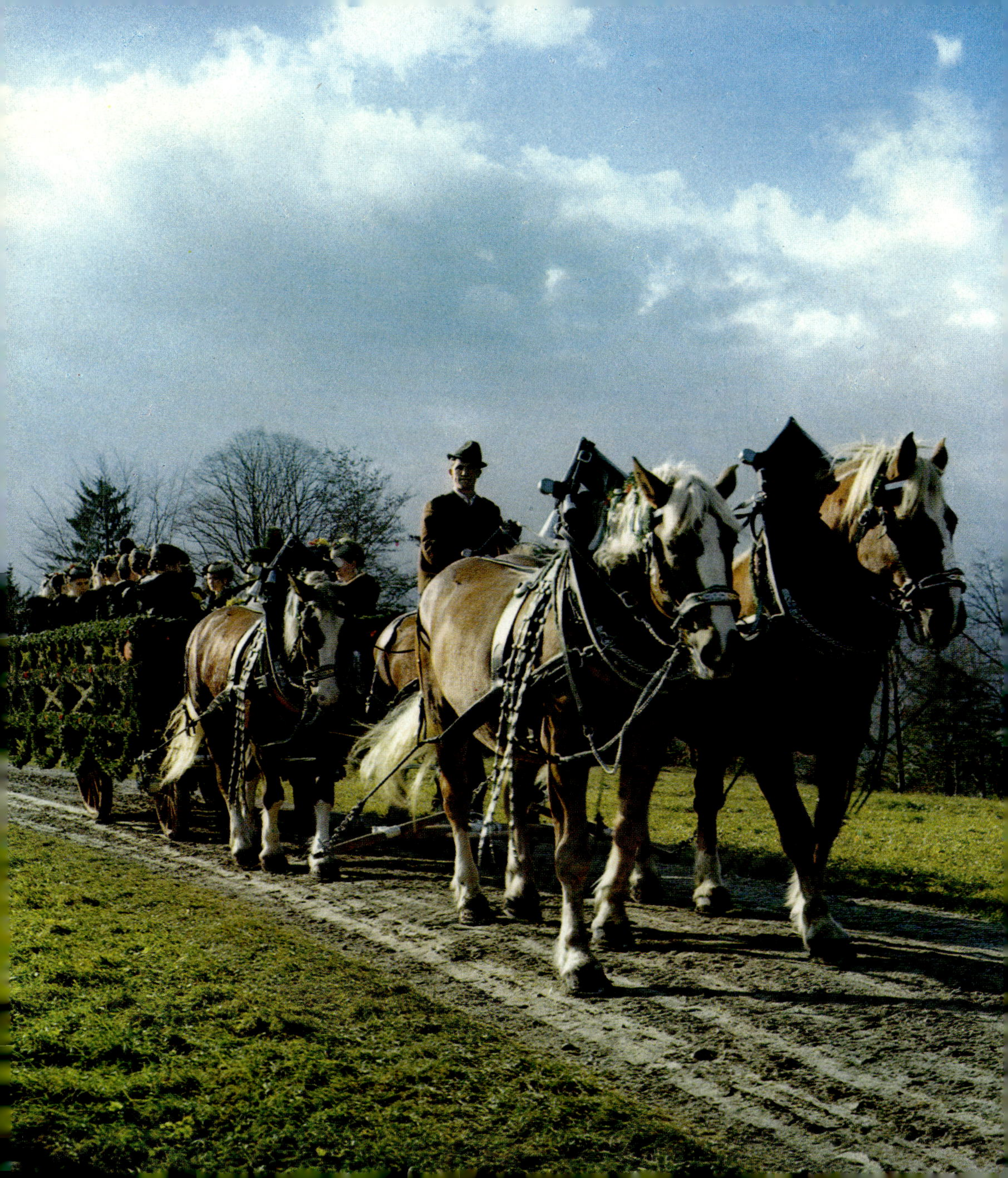

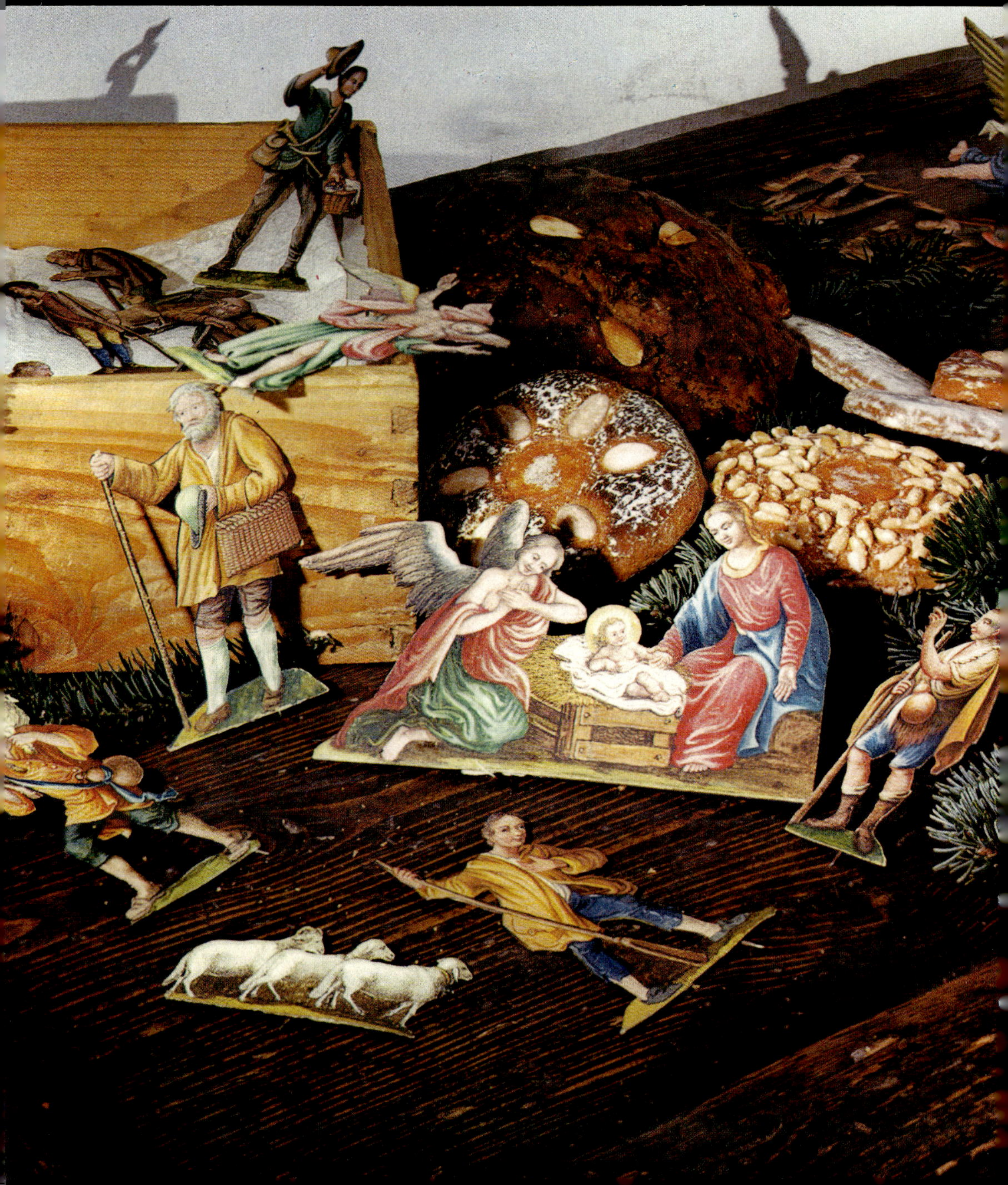

Im Naturglauben unserer Vorfahren war die Mittwinterzeit von dämonischem Glauben erfüllt; die mit dem täglich abnehmenden Tag und der immer länger werdenden Nacht absterbende Natur schien den unholden Mächten verfallen zu sein. Es galt daher, diese Unholde zu bekämpfen und die guten Geister, die Licht und Leben verkörpern, anzurufen und diese in ihrem Kampf gegen das Böse zu unterstützen. Die Mittwinterzeit bot daher Anlaß zu zahlreichen Kultbräuchen; nur wenige dieser Bräuche haben sich erhalten. Die meisten sind in die kirchlichen Festtage übergegangen. Ein Brauch aber konnte sich bis heute erhalten, der Perchtenlauf. Im Volksglauben sind vier Winternächte besonders von Dämonen erfüllt, die sogenannten „Rauhnächte", und zwar die Nacht vom 5. zum 6. Dezember, die Nacht der Wintersonnenwende, die Silvesternacht und die Perchtnacht vor Dreikönig. In Gebirgsgegenden hat sich bis heute der Glaube erhalten, daß in diesen Rauhnächten die Verbindung mit der Geisterwelt leichter als sonst herzustellen sei. Völlig im Dunkel liegt die Gestalt der Frau Perchta, die im Volksglauben tief verwurzelt ist. Ihr Erscheinen ist an den Winter gebunden; daher haben wir es wohl mit einer Gestalt des Seelenglaubens zu tun. In der Glaubensvorstellung unserer Vorfahren war Frau Perchta halb Mensch, halb Gottheit, einmal ein holdes und der Erde Fruchtbarkeit bringendes Wesen, dann wieder ein dunkler Dämon, alles Böse und „Schiache" verkörpernd. Das Wort „Percht" ist wohl germanischen Ursprungs und bedeutet althochdeutsch „peraht", mittelhochdeutsch „bereht", womit herrlich, glänzend und prächtig zum Ausdruck gebracht sein soll. Im Volksglauben hat sie auch heute noch zweierlei Gestalt: schön und häßlich. Den Höhepunkt der mittwinterlichen Rauhnachtsbräuche bildet der Perchtenlauf; die zwiespältige Form der Perchta in der Überlieferung drückt sich auch in der zweifachen Gestalt der Perchten aus, nämlich in schönen und häßlichen Perchtengestalten, die im Volksbrauch als „Schön- und Schiachpercht'n" bezeichnet werden. Bei den einzelnen Figuren eines Perchtenumzugs fallen vor allem die schönen Kappenperchten mit ihren hohen Kopfgestellen (Kappen) auf; die Ausstattung ist verschieden: Pongauer Kappen bestehen beispielsweise aus zwei bis drei auf den Spitzen übereinander gestellten Quadraten, Gasteiner Kappen sind einfache große Tafeln in verschiedenen Formen. Das Grundgestell einer Kappe besteht aus einem Holzgerüst, einem Traggestell aus Stirnreifen und einem Bauchgurt, durch eine Eisenstange zusammengehalten. Das Holzgestell wird mit Leinwand oder rotem Tuch überzogen, kleine Spiegel werden befestigt und weiterer Schmuck (Silberschmuck, Amulette, Filigranarbeiten und Bauernschmuck) in geordneter Reihenfolge angebracht. Das Aufsetzen einer Kappe, auch „Spiegelpercht" genannt, mit einem Gewicht zwischen 25 und 50 Kilogramm, bedarf der Mithilfe von ein oder zwei Männern. Eine Besonderheit der Schönperchten sind die „Turmkappen"; es sind Holzgestelle in Form von Fischreusen, die zwei bis drei Meter hoch sind. An ihrer Spitze ist ein Hahn angebracht. Alle Tafelperchten werden bei ihrem Umzug von „Frauen" begleitet; diese als sogenannte „G'sellinnen" bezeichneten Begleiterinnen werden aber von verkleideten jungen Burschen dargestellt. Wenden wir uns nun den schiach'n Perchten und gnomenhaften Figuren des Perchtenlaufes zu. Hier sind vor allem die Teufel, die letzten Überreste der nächtlichen Läufe der Schiachperchten, zu erwähnen. Sie tragen geschnitzte Teufelsmasken, die mit allerlei bizarrem Gehörn versehen sind. Zwei Hexen mit Besen, eine schöne und eine schiache, begleiten den Zug der Teufel; eine von ihnen fegt den Platz für den kommenden Zug frei. Zwei Hanswurstl, auch in schöner und häßlicher Aufmachung, haben einen mit Sand gefüllten Kuhschwanz bei sich, mit dem sie rundum Schläge austeilen. Neben „Zapf'nmanndl" und „Moosmanndl", zwei koboldhaften Gestalten, die das Bauernleben mit den Gefahren der Wald- und Holzarbeit in Verbindung bringen, gehen viel Handwerker, die im bäuerlichen Leben eine Rolle spielen, im Perchtenumzug mit. Daß die Perchtenläufe vielfach in Vergessenheit gerieten, daß besonders das nächtliche Perchtenspringen fast ganz aufhörte, ist auf viele, teils jahrhundertealte behördliche Verbote zurückzuführen. Manchmal waren diese Verbote berechtigt, denn einige Perchtenläufe verliefen nicht immer ganz harmlos. Trafen Perchtenzüge verschiedener Dörfer aufeinander, kam es zu wüsten Raufereien, wobei es sogar Tote gab. Die Kirche verweigerte in früherer Zeit den in der Perchtenmaske Getöteten das Begräbnis im geweihten Gottesacker; man war allgemein der festen Ansicht, daß der

Die Klöckler im Sarntal zur Adventzeit

schiache Percht mit dem Bösen im Bunde sei. Die Schönperchten hingegen wurden als Glücksbringer und Fruchtbarkeitsspender angesehen. Und als solche fühlen sich auch heute noch die Perchtenläufer, was sie auch deutlich den Zuschauern gegenüber zum Ausdruck bringen.

Im Pinzgau kehren zur Advent- und Weihnachtszeit Schönperchten zu einem besonders kunstvollen Tanz in den Bauernstuben ein, die „Tresterer". Dem Wortsinn nach ist damit das Trebern- oder Tresternauskeltern gemeint. Zum Beginn ihres Tanzes vollführen sie unglaubliche Sprünge und reihen sich dann im Kreis zu einem trippelnden Stampfen, dem ein Spieltanz folgt. Dieser Tanz der Tresterer, ein Kulttanz alter Prägung, wird musikalisch meist mit Geige, Klarinette und Hackbrett begleitet. Die Tänzer haben buntbedruckte, weiß-rote Kostüme mit Goldtressen an, dazu weiße, mit roten Bändern durchzogene Strümpfe (Kniestrümpfe) und hohe verzierte Schnürschuhe. Ihre Kopfbedeckung ist ein Strohhut mit einem das Gesicht bedeckenden Seidenbänderbehang, dazu bis zu sechzig sichelförmige, weiße Hahnenfedern auf beiden Hutseiten, die alte magische Bedeutung haben. Es wird angenommen, daß dieser etwas unheimlich anzusehende Kulttanz noch aus den Zeiten der Römer stamme.

Die Verehrung des heiligen Nikolaus, des im Jahre 300 n. Chr. in Myra (Kleinasien) lebenden Bischofs, der als Patron der Schiffer und Flößer und Schutzherr der Kinder gilt, hat sich besonders seit dem 11. Jahrhundert stärker ausgeprägt. Eine große Rolle spielte bei dem Brauch, am Vorabend des 6. Dezember oder am Nikolaustag selbst den Kindern Lebkuchen, Nikolobirnen, Nüsse und Äpfel zu schenken, das Kinderbischofsfest mittelalterlicher Klosterschulen. Im Volksbrauch sind alte heidnische Gestalten wie Buttenmanndl, Klaubauf und kettenrasselnder Krampus als Begleiter des heiligen Nikolaus dazugekommen, der früher vor allem die Spinnstuben besuchte. Mancherorts bitten die Kinder: heiliger Nikolaus, bring' mir einen Gockel oder a Henn'. Hier klingt noch der einstige heidnische Glaube durch, demzufolge Hahn und Henne als Fruchtbarkeitstiere angesehen wurden. In den Klöstern schenkte man sich am Nikolaustag Frauentaler – Maria-Theresien-Taler mit dem Prägebild der Gottesmutter und dem Jesuskind –, die als besonders glückbringend galten, wenn sie in einem Schaltjahr geprägt worden waren.

Die Klöpfelnächte im Advent haben ihren Namen von dem Geräusch, dem Klopfen und Schlagen an Türen und Fensterläden der Häuser mit einem hölzernen Hammer oder Klöpfel, um Einlaß zu begehren. Ursprünglich dürfte der Klöpfelbrauch mit dem Geister- und Dämonenglauben unserer Vorfahren in

Zusammenhang stehen; denn Klöpfeln ging man seit eh und je an den drei Donnerstagen im Advent, also an den Tagen, an denen die heidnischen Winterunholdinnen Freia, Perchta und Frau Holle durch ursprünglich alte Lärmumzüge verscheucht werden sollten. Die Klöpfler gingen immer vermummt und maskiert, um von den Unholdinnen nicht erkannt zu werden. Aus dem Klöpfelgehen oder „Klöpfeln" entwickelte sich der christliche Heischebrauch des Umsingens und Gabenbittens.

Der 8. Dezember ist kirchlicherseits der Tag Mariä Empfängnis. Dieser Tag wurde auch „verhohlener Frauentag" genannt, um somit zum Ausdruck zu bringen, daß dieser Marientag gleichsam „im Hintergrund" gegenüber dem Großen Frauentag Mariä Himmelfahrt steht.

Am 13. Dezember regiert nach altem Volksglauben „Frau Luzia", die Leuchtende und Patronin der Augenleidenden. Oft wird sie mit zwei in einer Schale liegenden Augen abgebildet; diese Darstellung erinnert daran, daß sie sich für einen heidnischen Freier, der sich in ihre Augen verliebt hatte, diese ausriß und ihm in einer Schale bringen ließ. Bevor 1582 Papst Gregor den neuen, später nach ihm benannten gregorianischen Kalender einführte, galt im Volksglauben der Luzientag als der kürzeste Tag des Jahres. Ein alter Mädchenbrauch am Luzientag war es, ein Kreuz in die Weidenbäume einzuschneiden; dabei schälten sie ein Stück Rinde ab, ritzten das Kreuzzeichen ein und banden die Rinde wieder darüber. Am Neujahrstag sahen sie nach und versuchten, aus dem etwas rätselhaften Zeichen die Zukunft zu deuten.

Am 17. Dezember ist der Tag des heiligen Lazarus; der Name kommt vom hebräischen „El asar", das heißt: Gott hilft. Lazarus von Bethanien war der Bruder der biblischen Schwestern Maria und Martha. Seit dem Mittelalter gilt er als Schutzpatron der Aussätzigen, in der Folgezeit auch als Beschützer der Leprosenanstalten und schließlich aller Spitäler. Von seinem Namen leitet sich auch die Bezeichnung Lazarett ab.

Am 21. Dezember, dem Tag des ungläubigen Thomas, zieht dem Volksglauben nach das „wilde Gjaid", das dämonenhafte Gefolge Wotans, des Totengottes und Geisterführers, mit Lärmen und Gejohle über das winterliche Land.

Man spricht daher auch mancherorts von der Rumpelnacht. Die Thomasnacht gilt als eine der bedeutendsten Los- und Orakelnächte; auch heute noch werfen ganz vereinzelt Bauern und Hausväter in dieser Nacht Kranawitt und Frauenkraut in die Räucherglut und räuchern in Haus und Stall zum Schutz gegen alles Bedrohliche aus. Mit dem Thomastag beginnt die geheimnisvollste Zeit des ganzen Jahres, der „Zwölften". Der Name geht auf die altkirchliche Einteilung der Weihnachtszeit, dem griechischen dodeka hemeron, dem Zwölftagekreis zurück. Für diesen Zeitraum haben sich im „Löss'ln", dem Zukunft erkunden, und in gewissen Kultspeisen wie Honig und Kletz'nbrot deutliche Reste des germanischen Julzaubers erhalten. Im Alpenländischen werden die Tage von Thomas bis zum Vorabend von Dreikönig als „Rauchnächte" bezeichnet. Das Rauchen, Räuchern und Sprengen, das mit der Thomasnacht beginnt, weist nachdrücklich auf sehr alte Brauchgepflogenheiten hin. In der ersten Rauchnacht soll man beginnen, die Witterung aufzuschreiben; denn jede der zwölf Rauchnächte zeigt das Wetter der kommenden zwölf Monate an.

In vorchristlicher Zeit bedeuteten unseren heidnischen Vorfahren der 22. Juni, der Tag der Sommersonnenwende, und der 21. Dezember als Tag der Wintersonnenwende Höhepunkte für Götterfeste und Opfer. Eine Fülle von Bräuchen, aber auch viel Aberglauben verband sich mit diesen wichtigen Naturfesten. Besonders zur Wintersonnenwende galten die Feierlichkeiten den Vegetationsdämonen. Im Winter, wenn die Natur scheinbar im Schlaf liegt, versuchte man durch den einzigen immergrünen Baum, den Tannenbaum, diese Naturgottheiten symbolisch darzustellen. Der Tannenbaum galt im Volksglauben als Sitz des betreffenden Naturdämons, diente also im ganzen oder mit einzelnen Zweigen als schlichte Versinnbildlichung dieses Naturgeistes, der nach dem Winterschlaf der Natur alles zu neuem Leben erwecken würde. In rascher Erkenntnis der Festigkeit des alten Götterglaubens im Volk haben die ersten christlichen Glaubensboten diese heidnischen Bräuche nicht einfach abgeschafft, sondern in christlich-kirchliche Handlungen umgesetzt oder vieles auf Heilige übertragen. Dabei wurde auch die Sitte des Aufstellens eines Tannenbaumes oder das Ausschmücken der Behausung mit Tannenzweigen nach Umwandlung in die christliche Weihnachtsüberlieferung mit tiefsinnigen Bibelwahrheiten durchdrungen und gefestigt. Dabei kam Weihnachten nicht rein äußerlich an die Stelle der Wintersonnenwende, sondern für die Symbolik der Naturdämonen fanden sich in der christlichen Lehre Berührungspunkte, wie beispielsweise der Lebensbaum und Christus selbst als Baum des Lebens und Licht der Welt. Wir haben alte Überlieferungen von Paradeisspielen aus Baiern und Tirol, in denen die Szenerie einfach aus einem grünen Baum mit roten Äpfeln bestand. Es ist auch keineswegs Zufall, daß auf den 24. Dezember, den Christtag, die Namen Adam und Eva fallen; die Kirche hat damit den sinnvollen Zusammenhang zwischen den Menschen, durch deren Schuld das Paradies verlorenging, und Christus, durch dessen Opfer es den Gläubigen wieder offensteht, hergestellt. Der Weihnachtsbaum geht, nach weitverbreiteten Vorstellungen der mittelalterlichen Kirche, auf Christus selbst als Baum des Lebens zurück. Damit wären rote Äpfel und Lichter als einziger, rechtmäßiger Schmuck anzusehen. Das Licht hat reinigende Wirkung und galt als probates Mittel gegen Dunkelheit und böse Geister. Die Sitte, den Christbaum selbst mit Lichtern zu schmücken, findet man mit Sicherheit erst gegen Ende des 18. Jahrhunderts. Seine Vorläufer sind das „Paradeisl" und der „Klausenbaum". Einem aufgerichteten Dreieck aus Holzstäben werden an jedem Eck Äpfel aufgesteckt, und in diesen befinden sich nach oben zu noch kleine Tannenboschen. Auf den unteren drei Verbindungsstäben wird je ein brennendes Wachslicht befestigt. Der Klausenbaum, tirolischen Ursprungs, unterscheidet sich nur durch seine Höhe und zusätzliche Auszier mit aufgesteckten Welschnüssen und einer Nikolausfigur (Nikolaus = Santa Klos, Klaus) am Boden des Stangendreiecks vom Paradeisl. Lange bevor sich der Christbaum einbürgern konnte, war bei unseren Vorfahren die Sitte heimisch, einen Fichtenwipfel an die Türe oder Gattersäule zu stecken. Im Salzburger Land wurden sie „Berchtelbosch'n" und im steirischen Ennstal, wo der Brauch vereinzelt noch lebendig ist, „Graßbam" bezeichnet. Der Weg vom einfachen Tannenzweig der Wintersonnenwende über das Paradeisl zum reichgeschmückten Christbaum unserer Tage, verlief für den Lichterbaum nicht immer ungehindert. Am raschesten fand der weihnachtliche Brauch des Christbaumaufstellens in evangelischen Gebieten Verbreitung. Der Weihnachtsbaum hat eine ungeahnte Verbreitung gefunden; in den letzten Dezennien wurde mit dem Lichterbaum auch sehr häufig Mißbrauch getrieben, denken wir nur an die Aufstellung von elektrisch beleuchteten Christbäumen vor und auf Tankstellen und Rasthäusern zu einem Zeitpunkt, der dem Christbaum nicht gemäß ist, nämlich schon zum ersten Adventsonntag. Entstanden aus tiefreligiösem, uraltem Kult, von der Kirche übernommen und zwischendurch auch von derselben Kirche bekämpft, wie aus den Predigten des bekannten Dannhauser hervorgeht, bildet der Christbaum heute den Mittelpunkt des Weihnachtsfestes.

Vorläufer unserer Weihnachtskrippen sind die im ganzen alpenländischen Gebiet sehr zahlreichen Weihnachtsbilder, Krippenaltäre und vielerlei Krippenspiele. Unsere Vorfahren suchten in Hirtenspielen und Krippenbildern ihre Liebe zum göttlichen Kind auszudrücken. Ein sehr altes Krippenspiel, vielleicht sogar das älteste der Alpenländer, ist uns im Sterzinger Spiel aus dem Jahre 1511 erhalten geblieben. Auch das bekannte „Ischler Krippenspiel" reicht in seinem Ursprung bis in das 17. Jahrhundert zurück. Vorbilder für unsere Hauskrippen waren wohl die zahlreichen Kirchenkrippen weitum im Land; die ersten „Bastelversuche" in Fürstenhäusern und Klöstern mögen wohl gelungen sein, sonst hätten sie nicht so zahlreich Nachahmer in Stadt und Land gefunden. In Ebensee am Traunsee, in den tirolischen Krippendörfern Thaur und Zirl, in vielen Orten der Steiermark – überall in den Alpenländern wird in diesen Tagen und Wochen die Hauskrippe aufgestellt, wobei in manchen Häusern aus Liebe und Traditionsbewußtsein für Wochen die halbe Wohnstube umgeräumt und der Krippe geopfert wird. Aber wenn dann zur Weihnachtszeit Nachbarn und Fremde zum „Krippeleschaug'n" kommen, ist man halt doch ein wenig stolz auf seine Arbeit. Der schönste Platz für eine Krippe ist die Familienstube. Wer mit Kennerblick ein Hauskripperl betrachtet, sieht gar bald, ob daran mit Liebe gearbeitet wurde; man muß sich bei jeder Figur vorstellen können, wohin sie geht, mit wem sie redet und was sie tut, dann wird die Krippe zu einem religiösen Erlebnis.

Es gab eine Zeit, in der in fast jedem Kindergebet das Christkind lebendig war und nach altem Brauch zum Jahreswechsel als Glückwunschblatt verschickt wurde. In Klöstern und Kirchen kann man noch die geschnitzten und teils kostbar bekleideten Christkindln sehen, und in Oberösterreich gibt es in der Nähe von Steyr einen Wallfahrtsort mit Namen „Christkindl", ein Dorf, das jedem Philatelisten wegen des allweihnachtlichen Sonderpoststempels ein Begriff ist. Das „Steyrer Kripperl" hingegen zählt zu den Kostbarkeiten im Lande; denn es ist ein Stück lebendige österreichische Theatergeschichte.

Der Überschwang des Barock hat das armselig nackte Jesuskind in goldstarrende Brokatgewänder gezwängt. Den Kunstfertigen vieler Jahrhunderte dienten Holz und Marmor, Alabaster und Elfenbein, ja sogar Porzellan als Werkstoff zur Anfertigung von Christkinddarstellungen. Vor allem wurde aber mit Wachs gearbeitet; es entstanden die schönen „Fatsch'nkindln", die meist von geschickten Nonnenhänden modelliert und bekleidet wurden. „Fatschenkinder" sind liegende, als Wickelkind „gefatschte" Christkindl. Das berühmteste, aus Elfenbein angefertigte Christkind ist das sogenannte „Salzburger", das seit über dreihundert Jahren im Loretto-Kloster der Kapuzinerinnen in einem goldenen Schrein verwahrt wird.

In der Sammlung der Schwestern vom Nonnbergkloster in Salzburg steht das „goldene Heißl". Die ursprüngliche Bedeutung des goldenen Heißl ist längst in Vergessenheit geraten. Man hat dem bis auf den Roßhaarschweif vergoldeten Pferdchen ein Christkindl auf den Rücken gesetzt und bezeichnet das Ganze als „Vorreiterl des Weihnachtsfestes". Von deutschen Flugblättern des 15. Jahrhunderts ist uns der Brauch, das Christkind als Glücksbringer abzubilden, bekannt; die Umdeutung des „goldenen Rößl" in einen Christusträger dürfte unter dem Einfluß solcher Christkindbilder und ähnlicher Schnitzwerke entstanden sein. „Heißl" wird in der Mundart ein junges Pferd genannt; mit dem goldenen Heißl hat es folgende Bewandtnis: bevor der Christbaum als Weihnachtssymbol und Gabenträger auftrat, war in gleicher Eigenschaft vorher das goldene Heißl oder „'s Rößl" genannt, das wahrscheinlich schon seit vorchristlicher Zeit durch die Winternacht trabte. Man denke nur an die Bedeutung des Pferdes in Glaube und Brauch: Weiheroß und Roßweihe.

Der Brauch mit dem Rößl ist im Rupertiwinkel und im ganzen oberösterreichischen Innviertel verbreitet gewesen. Auch im Böhmerwald war die Vorstellung bekannt, daß das Christkind auf dem goldenen Rößl zu den braven Kindern reite und an den Türen in bereitgestellte Schüsseln seine Gaben entleere. Die christianisierte Umdeutung auf dem Salzburger Nonnberg verdrängte nicht den Brauch, sondern gab ihm einen anderen Sinn, der wahrscheinlich zur Zeit der Entstehung des Salzburger Rößls mit dem Christkind zunächst innerhalb der Klostergemeinschaft aufkam und von da aus ins Volk gewandert ist.

Früher war es in einzelnen Gnotschaften des Berchtesgadner Landes alter weihnachtlicher Brauch, im Gedenken an das Weihnachtsevangelium im Stall ein Christkindlbett herzurichten. In einer sauberen Ecke wurden eine Strohmatratze und ein Kissen aus Heu aufgeschüttet, beides mit weißer Wäsche überzogen. Das Lager wurde beräuchert und mit Weihbrunn besprengt und am Morgen des Christtages wieder entfernt. Bis zur Jahrhundertwende war es in sehr frommen Familien der Brauch, daß der Bauer einen Schab Stroh auf den Stubenboden streute, und darauf legte sich die ganze Familie in der Heiligen Nacht schlafen, um es dem Christkind gleichzutun.

Nicht nur das Christkind allein erscheint in den Weihnachtsbräuchen, auch die Mutter Maria wird in das Brauchgeschehen miteinbezogen. Dies verdeutlicht besonders der alte Brauch des „Frauentragens" oder Herbergsuchens, ein stiller und nach außen hin unauffälliger und man kann fast sagen, unaufdringlicher Brauch, im Vergleich zum meist mit viel Lautstärke und Kraftaufwand verbundenen Schaubrauchtum für den Fremdenverkehr unserer Tage. Ein Bild, manchmal auch eine der alten farbenfrohen Hinterglasarbeiten, das Maria mit der Heiligen Familie zeigt, mancherorts auch eine kleine Statue, wird von Anfang Dezember oder vom Tag Mariä Empfängnis an allabendlich bis zum Heiligen Abend von einem Bauernhof zum anderen getragen. In manchen Gegenden dürfen nur Frauen oder Mädchen die Überbringer sein, woanders wieder sind es Männer, die das „Frauenbild" auf einer Tragkrax'n befördern. Meist gibt es eine genaue Einteilung, in welcher Reihenfolge das Bild zu den Bauern getragen wird. Dieser in 26 Salzburger Orten und weiten Teilen Oberösterreichs

Roßhaarsieb-Weberei

und der Steiermark geübte Brauch, der Glück, Segen, gute Ernte und Schutz bringen soll, versinnbildlicht die Suche des heiligen Paares um Herberge. Im geschmückten Herrgottswinkel der Häuser wird das Bild von der Frauenträgergruppe abgestellt und verbleibt für eine Nacht an diesem Ehrenplatz. Vor dem Bild wird von allen Familienangehörigen und Dienstleuten gemeinsam ein Rosenkranz gebetet. Für eine Nacht haben Josef und Maria auf ihrem beschwerlichen Weg nun Herberge gefunden. Am nächsten Tag wird das Bild zu einem anderen Hof getragen und dort mit den Worten „Dö Himmimuatta tät um a Nachtlager bitt'n" den Hausleuten überreicht und anvertraut. Dies geschieht von Hof zu Hof bis zum Heiligen Abend, an welchem das Bild nach örtlicher Gepflogenheit entweder bis zum nächsten Jahr beim letzten Bauernhof verbleibt oder von der Frauenträgergruppe während der Christmette in die Kirche gebracht und auf einem Seitenaltar abgestellt wird.

Wenn die Glocken der Wallfahrtskirche Maria Plain die Heilige Nacht einläuten, kommen die Radecker Prangerschützen in mehreren Rotten zu ihren vorgesehenen Standplätzen gezogen; um Punkt 5 Uhr nachmittags kracht der erste Handböller. Nun folgen Schlag auf Schlag die Schüsse der übrigen Schützen. Wozu dieser Lärm? „Das Christkind wird eingeschossen", sagt man zu diesem uralten Brauch, der in die Gruppe des Lärm- und Vegetationsbrauchtums gehört. Der ursprüngliche Sinn war, durch Lärmen und Schrecken die Dämonen, die besonders in den „Zwölften", den schicksalhaften Tagen und Nächten von Thomas bis Dreikönig ihr Unwesen trieben, zu verscheuchen. Andererseits wollte man der übermächtigen Freude über die Geburt des Welterlösers durch Schießen Ausdruck verleihen. In der Kirche wurde im 18. Jahrhundert dem Christkind zu Ehren mit Almschalmeien geblasen; noch um 1830 wurde zu Sterzing in Südtirol bei der Wandlung während der Christmette der sogenannte „Sterzinger Wandlungsjodler", ein „tönendes Gebet" von einmaliger Innigkeit, gesungen, der in unseren Tagen in den Alpenländern als Andachtsjodler bekannt wurde.

Wo aber sind all die vielen Bräuche und Sitten, Volkskunstarbeiten und Abbildungen, die gesamte Volkskultur des Weihnachtsfestkreises schöner und überzeugender als im winterlichen Gebirgsland, wenn die Dörfer selbst tief verschneit wie riesige Krippen in der Landschaft ruhen? Keine Weihnachtsfeier in festlichem Saal kann dies nur annähernd ersetzen; im alpenländischen Bauernland selbst haben diese schönen Bräuche ihren tiefen Sinn erhalten.

Stephanus, am 26. Dezember gefeiert, der eigentlich älteste Viehpatron, ist auch Patron der Kutscher und Helfer bei verhexten Roßkrankheiten. Am

"Stephanitag", dem Pferdetag, war früher Pferdeumritt und Haferweih'. Früher steckte man "Steffelsgroschen" als Opfergabe in die Stephaniäpfel, und der Bursch wurde von seinem Mädchen zum Kletznbrot-Anschneiden eingeladen.

"Winter-Johanni" am 27. Dezember bringt den Johanneswein und Johannes-Minnetrunk; der Johannessegen für das Vieh wird gespendet, und der Johanneswein geht mit den Worten „Ich bring' dir den Sankt-Johanni-Wein" von Mund zu Mund. Die Antwort: „Ich g'seg'n dir den Sankt-Johanni-Seg'n."

Der 28. Dezember, der „Unschuldige-Kinder-Tag", auch Fitzleintag genannt, bringt den Brauch des „Frisch- und G'sundschlagens", des „Fitzelns" mit der Lebensrute. Vor allem werden die Mädchen gefitzelt oder „gepfeffert".

's Pfeffern oder Fitzeln

Bauern- und Wetterregeln im Dezember·

Sankt Nikolaus geht um, macht die Kinder alle stumm / Dezember kalt mit Schnee, gibt Korn auf jeder Höh' / Wenn's zu Ambros' (7. Dezember) schnee't, Gregor weht! / Sankt Luzia stutzt den Tag und macht die längste Nacht / Wenn am Sankt-Luzien-Tag die Gans im Schmutz geht, so geht sie am Christtag auf Eis / Donner im Winterquartal, bringt Kälte ohne Zahl / Glatter Pelz beim Wild, werd da Winta mild / Thumma (Thomas, 21. Dezember) kehrt den Tag umma / Wia's Adam und Eva spend' (24. Dezember), bleibt's Wetta bis an's End' (Jahresende) / Grünen am Christtag Felder und Wiesen, wird sie zu Ostern Frost verschließen / Blast der Wind am Stephanitag recht (= stark), werd da Wein im nächst'n Joahr schlecht.

Literaturangaben

Burgstaller, Ernst: Lebendiges Jahresbrauchtum in Oberösterreich, Otto-Müller-Verlag, Salzburg, 1958

Geramb, Victor von: Sitte und Brauch in Österreich, Alpenlandbuchhandlung Graz, 1948

Graber, Georg: Volksleben in Kärnten, Leykam, Graz, 1949

Haberlandt, Arthur: Taschenwörterbuch der Volkskunde Österreichs, Österreichischer Bundesverlag, Wien, 1959

Hubatschek, Erika: Bauernwerk in den Bergen, Universitätsverlag Wagner, Innsbruck, 1961

Mais, Adolf: Österreichische Volkskunde für Jedermann, Petricek, Wien, 1952 (vergriffen)

Moro, Oswin: Hof und Arbeit in Kleinkirchheim und St. Oswald, Sonderdruck aus Oswin Moro, Volkskundliches aus dem Kärntner Nockgebiet, Verlag des Geschichtsvereines für Kärnten, Klagenfurt, 1952

Petrei, Bertl: Jahrtausende ziehen mit uns, Verlag Dr. Bertl Petrei, Maria Rain, 1962 (vergriffen)

Scheingraber Wernher: ABC der Alpenländer / Volkskunde in Stichworten, Rosenheimer Verlagshaus, Rosenheim, 1975

ferner: Artikelreihe des Verfassers, eigene Aufzeichnungen und Sammelgut des Verfassers, eine volkskundliche Sendereihe des Verfassers im Bayerischen Rundfunk von 1967/1968 und eine Sendereihe „Volkskundliche Plaudereien" im Bayerischen Werbefunk.

Sachregister

Aberglaube (an Neujahr) 15, 16
Abersee 125
abg'schüttet = vollbeladene Heugerüste werden in die Städel getragen 84
abg'strahlt = mit dem Rechen überhängendes Heu vom Heuwagen streichen 82
Adam und Eva 151
Advent 144
Ägyptische Tage = schlechte oder Zaubertage im römischen Glauben 20
Agathabrot = Vorbeugungsmittel gegen Fieber und Brand der Rinder 29
Agathazettel = Feuersegen und Feuerbann 29
Ag'n = Flachsabfall 120
Agnes 21
Agnes-Wachsscheiben = Amulett gegen Verzauberung 21
Allerheiligen 131
Allerseelen 131, 132, 133, 134
Allerweltskirchtag = allgemeines Kirchweihfest 123
Almen 101
Almmahd = Mähen des starren Almgrases 84
Almschalmeien 156
Almwagerl = kleines zweirädriges Fuhrwerk für die Almgerätschaften 103
Alperer = Almgeist 21
Altarl = Herrgottswinkel in der Bauernstube 132
Altweibermühle 31, 32
Altweibersommer = fliegende Fäden kleiner Herbstspinnen 123
Andreasnacht = bedeutende Losnacht 137
ang'holzt = anholzen; an einer Gebäudewand wird Holz aufgeschichtet 12
anmist'n = mit Mist bedecken 24
Antlaßei = am Gründonnerstag gelegtes Hühnerei 51
Antlaßpfinsta = Gründonnerstag; der Tag der Entlaßung aus den Buß- und Kirchenstrafen 51
Antlaßritt 77
Antlaßtag = Tag der Sünden„entlaßung" 76

Antonius der Einsiedler   20
Antoniusbrot = Kultgebäck   20
Antonifeuer = schmerzhafte Krankheit   20
Antoniusplag' = eine Krankheit   20
Aperschnalz'n = Goaßl(Peitschen)schnalzen zum symbolischen Winter- und Schneeaustreiben   27
Apolloniatag   30
Aranmanoth = Erntemonat   91
Arme-Seelen-Geher = Heischebrauch an Allerheiligen/Allerseelen   131
Arme-Seelen-Rosenkranz   132
Arl = Vorläufer des Pfluges   24, 25, 26
Asten = Vor- oder Niederalmen   71
Auffahrtstag = Christi Himmelfahrt   69
Auffahrtstag Mariä = Mariä Himmelfahrt   96
aufkranz'n = die Viehherde schmücken   101, 102
auf'n Schmiß dresch'n = der Schwengel muß selbst zurückfliegen   127
Aufwaggröt = Gerät zum Wagenaufheben   104
Augustinus = bedeutendster Kirchenlehrer; Kirchenvater   20
auig'stiflt = auf die Hiefler gesetzt   83
ausg'schneuzt = Getreidehalme außerhalb des Bandes werden herausgezogen   92
aussakrall'n = herausheben, herauskratzen   24
Auswarts = Frühjahr, Frühling   12

Barbarazweige   144
Bartlmäbutter = großer Butterstriezl als symbolische Bartholomäusgabe an die Dienstleute   99, 100
Basilius   110
Bastiangegend = Burgenland (volkst.)   21
Bauen = Feldbestellung   23
Berchtlbosch'n = Fichtenwipfel als Weihnachtsschmuck   151
Bergerlaub = wechselnder Laubschmuck beim Vierbergelauf   59
Bergfahr'n = Fahrt um Almheu   113, 114
Bergheu   93
Bettelfenster = kleines Fenster neben der Haustüre   131
Bilmesschneider = Getreidedämon   105, 120
Bitt- und Kreuzwoche   69
Blasius = armenischer Bischof   28
Blauer Schützenmahl-Montag = „arbeitsfreier" Montag nach dem Stachelschießen   125
Blunz'n = Blutwürste   139
Bod'ng'frear = durchfrorener Erdboden   39
Bonifatius   131

Bränden 21
Brat'n = Astbüschel werden in das offene Feuer gehalten, um sie biegsam zu machen 72
Brechelbraut = bei den Brechelspielen meist die Haustochter 122
Brechelhütte 128
Brechelpredigt = Teil des Brechelschreckens 120
Brechelschrecken = bäuerliche Brauchtums-Unterhaltung 120
Brechelsitten 120
Brecheltanz = Erntetanz 122
Brech'ln = Flachsbrechen 128
Broat'n = (Mist)ausbreiten 46
Brombeerstrauch 105
Brückenheiliger = heiliger Nepomuk 69
buck'n = flechten 73
Buttenmanndl = Mittwintergestalten 148
Butterführ'n = mit großem Butterkübel auf dem Almwagerl zur Abholung der Almprodukte auf die Alm fahren 85

Christbaum 151, 152
Christi Himmelfahrt 69
Christkind 152, 153, 154
Christkindl = Wallfahrtsort bei Steyr, OÖ. 153
Christkindlbett 154
Cosmas = Pestpatron und heiliger Arzt 108

Damian = Pestpatron und heiliger Arzt 108
Danglhammer = Dengelhammer 81
Dannhauser 152
Daxhack'n = Zerkleinern von Fichten- und Tannenzweigen 72
Dengelstock 81
Dörraum 128
Donatus 30
Donnerblumen = Pflanzen zur Gewitterabwehr 87
Drei goldene Samstagnächte = drei Samstage nach Michaeli 110
Drei Heilige Fräulein = Wilpet, Ainpet und Warbet 108
Dreikönig 16, 17, 18
Drei-Melcher-Monat = Monat Mai 63
Dreinagel-Freitag = zweiter Freitag nach Ostern 58
Dreißigst-Eier = während der Zeit des Frauendreißigers gelegte Hühnereier 98
Dreschen 117, 127
Drescherbrauch 117
Dreschermahl 117

Drischel = Dreschflegel 117, 127
durchschießen = alle Schützen haben am Schießstand geschossen 125
d' Weich = Weihe 54

Eberhard, auch Erhard 19
Egge 37, 38
Ehhalt'n = ländliche Dienstboten, Dienstleute; Knechte und Mägde 20
Ei'führn = Einbringen in den Stadel 92
einasch'ln = das Kreuzzeichen mit geweihter Asche vorjähriger Palmzweige am Aschermittwoch auf die Stirn zeichnen 33
Einblas'ln = Erteilung des Blasiussegens 28
Einwärts = Herbstbeginn 101
Emmaustag = zweiter Osterfeiertag; nach dem Osterevangelium volkstümlich so benannt 56
Engelestanz'n = Engelsfiguren, die an Christi Himmelfahrt die Heilandsstatue umschweben 69
Erdhäuf'n zerrech'n = Maulwurfshügel (Schermaus) auseinander rechen 23
Erdkratt'n = kleiner Wagen für Ackererde 23
Erhardszelt'n = Gebildbrote 19, 20
Erntebrote = figürliches Kultgebäck 118, 119
Erntedank 117, 118
Erntehahn 120
Erntekrone 118
Erntemonat 91
Erntepuppe 118
es donard = es donnert 87
Eselsmetzger = Palmesel-Aufkäufer 49
Ewigrinder = eiserne Tierfiguren 134

Fabian = Volksheiliger 21
Fabinasplage = Hunger 21
Fackn-Toni = tirolischer Volksname für den heiligen Antonius 20
Fahnlbaum = ähnlich dem Maibaum, aber mit aufgesteckten bunten Seidentüchern 124
Falkensteinwand 125
Fasching = abgeleitet von „vastschank", dem Ausschänken des Fastentrunkes 31
Faschingbegraben 32, 33
Faschingsrennen 32
Fasnacht = Nacht vor der beginnenden Fasten(zeit) 31
Fasten 43
Fatsch'nkindl = als Wickelkind gefatschtes Christkindl 153
feichtener Ast = Fichtenast 47
Feuerspringen 78

Filippeln = um Salzburg gebräuchliche Bezeichnung für Ordnung machen in der Walpurgisnacht 62
Fitzeln = Schlagen des Mädchen mit der Lebensrute 157
Fitzleintag 157
Flachsmannder = Teil des Brechelschreckens 120
fliegende Speise = Geflügel und Tauben 69
Franziskus von Paula = Patron der Einsiedler 48
Frauendreißiger 96, 97, 98
Frauensommer 123
Frauentaler 148
Frauentragen 154, 155, 156
Freithof = Friedhof 132
Freiung = religiöses Heiligtum oder mit Asylrecht ausgestattete weltliche Stätte 108
Freßglock'n = Dachglocke; wurde zum Essen geläutet 142
Frisch- und G'sundschlag'n = Schlagen mit der Lebensrute 157
Funkahex' = Figur aus Lumpen, die an der Spitze der Funkentanne befestigt und mit Pulver gefüllt wird 41
Funkenfeuer = Sinnbild der Sonne 40
Funkenkücherl = Schmalzgebäck am Funkensonntag 40
Funkensonntag = erster Sonntag der Fastenzeit 40
Funkentag = Martinstag 136
Furch'nführ'n = Hinaufschaffen des untersten Erdstreifens an den Ackerbeginn 23
Furgln = Traghölzer in Rahmenform 93
Fuß- oder Gamseisen = Steigeisen 103
Fürtabandl = Schürzenband 63
Fronleichnamsfest 76, 77

Gainzl = Unterinntaler Strohhut 94
garitz'n = schimpfen 142
Gemeindehirten 127
gen d' Alma = auf die Alm hinauf 64
Gertrudsvogel = Storch und Kuckuck 42
Geselchtes = geräuchertes Fleisch 139
gestrenge Herren = die drei Eisheiligen 67
Gleckschneid'n = Wildheu einbringen 84
Glecktuach = Tuch für Wildheu 84
Glöckeln = Lichterlauf mit umgehängten Glocken und Lichterkappen 16
Glockenriemen 102
Gluckhenne = Gestirn der Plejaden 123
Gnotschaft = Ortschaft; alte Berchtesgadner Bezeichnung 154
Goldene Messe = Seelenmesse am Sonntag nach Michaeli 109

Goldenes Heißl   153, 154
Goldenes Rößl   153
Gorgger = Heugerüst   83
Gräberumgang   132
Grant'n klaub'n = Preiselbeerpflücken   104
Graßbaum = Berchtelbosch'n   151
Gregorianischer Kalender   149
Gregoritag = Wetterlostag   41
Gregoriwind = guter Witterungswind   42
Gret = Teil des Bergwagerls zum Bergwegrichten   104
Großneujahr = Heilig Dreikönig   19
Gründonnerstag   50, 51
G'schaberbandl = dünngehobelte, in Holzbeize eingefärbte Holzbänder   50
g'schüttet = gelockert   114
G'sellinnen = als Frauen verkleidete Perchtenbegleiter   146
G'strauchat = Strauchwerk   45
G'windl = Handgriffe am Sensenwurf   92

Haar = Flachs   120
Haarmänner = Teil des Brechelschreckens   120
Hackbank = aus vier Holzpfosten und einem Baumstamm errichteter Schragen   72
Hackhaue = Ackergerät   23
Hack- und Holzschoatt'n = Kleinholzabfall   12
Haferweih'   157
Halfterkranz   102
Hallstätter Friedhof   133, 134
Hallstätter See   132
Handelsbraut = Teil des Brechelschreckens   120
Hartung = Zeit der harten Erde   11
Haslinger = Haselstecken   115
Hauskalender   15
Haussegen   106
Heilig-Geist-Schwingen = Schwingen der hölzernen Heiliggeisttaube   75
Heiligengeistlichter = Pfingstfeuer   76
Heilige Gräber   51
Heilige Cäcilia   137
Heilige Kümmernis   87
Heiliger Lambertus   108
Heilige Notburga   106
Heimgeigen = Verabschieden der Liebespaare durch die Spielleute   123
Heinzen = Heugerüste   94

Heißl = junges Pferd   153
Herbstbräuche   105
Herdholz = Brennholz für den Küchenherd   12
Herrgottswinkel = Kreuz in der Stuben(Tisch)ecke   97
Heug'n = Heuarbeit   82, 84
Heumonat = Juli   81
Heubrunzerin = volkstümlicher Name für die heilige Margarete   88
Hifler = Stangen zur Heutrocknung   72
Himmelbrotschutz'n = gweihte Hostien in die Salzach schutzen   77
Himmelshenne = Eierbringerin an Ostern   56
Himmelsleiter = Brauchtumsgebäck aus Oberösterreich   131, 132
Hirbest, Hiagscht = Herbst   101
hoakl = heikel   139
Hoamfahr'n = mit dem Almvieh ins Tal ziehen   101
Hoanzlbank = Heinzelbank; altartiges bäuerliches Arbeitsgerät, Schnitzbank   13, 126
Hörnerkranz   102
Hörnerschlitten = Schlitten mit vorne aufgebogenen Kufen   12
Holzmach'n = Holzarbeit   11
Holz'n = Verarbeiten des Holzes   12
Holzziach'n = Holzziehen auf kurzen Halbschlitten oder zweiteiligen Doppelschlitten   12
Hornung = Kleines Horn (Feber)   23
Huagg'n = Aststummel   72
Huatgarb'n = gelegte Garbe mit abwärts gerichtetem Kopf   92
Hüterstift = Schenkungen an die Hirten   127
Hund = Knopf im Spinnrad   142
Hund erschlag'n = letzter Drischlschlag   117
Iden = im alten Rom der 13. Tag des Monats, im März, Mai, Juli und Oktober der 15. Tag   20
In den April schicken = hängt wahrscheinlich mit dem seinerzeitigen Termin des römischen
   Narrenfestes zusammen   48
In die Seelenweck'n geh'n = Heischebrauch an Allerseelen   131
Infang = erst später gerodeter Waldteil   64
Ischler Krippenspiel   152
Isidor-Prozession   48

Jät'n = Unkraut ausrupfen   73
Jakobi   85
Jakobi im Schnitt = Jakobstag   89
Jakobsen = Almbesuchstag zu Jakobi   85
Joggesen = Almbesuch an Jakobi   85
Johannes-Minnetrunk   157
Johannes Nepomuk   68, 69

Johannessegen 157
Johannestag 78, 79, 80
Johanneswein 157
Josephitag 42
Josephsklimpern = Lärmumzug 42
Juliana von Lüttich 76
Juno = römische Göttin 71

Käferkreuz = Erinnerungskreuz an Weinbergnot 88
Kalenden = bei den Römern: der erste Tag jedes Monats 20
Kalte Sophie 67
Kappenperchten 145, 146
Karfreitag 51, 52
Karl der Große 22
Karls-Kirchenharz = Weihrauch 22
Karlswurzel = Eberwurz 22
Karner = Beinhaus 133
Karsamstag 52
Kasermanndelen = kleine Almgeister 104
Katzenpratz'ln = Steigeisen 72
Kinderbischofsfest 148
Kindsmenscher = Mägde zur Kinderbetreuung 106
Kirchgangssträußerl = kleiner wohlriechender Blumenboschen 106
Kirchweih 122, 123
Klapotetz = hölzernes Windrad in den Weinbergen der Untersteiermark und Teilen Sloweniens 98, 99
Klaubauf = Begleiter des Nikolaus 148
Klausenbaum = alpenländisches Weihnachtsgesteck mit Nikolausfigur 151
Kleiner Frauentag = Mariä Geburt 85, 104, 105
Kletzenbrot-Anschneiden = Brauch der Liebsleut' am Stephanitag 157
Kloans Rastei = eine kleine Rast 74
Klob'n = Holzschlaufe 93
Klock'n = zerschlagen, zerkleinern 46
Klöpfeln = Heischebrauch im Advent 149
Klöpfelnächte 148, 149
Königskerze = Wetterkerze 96
Kopfnägel = Holznägelart 14
Korngeist 117
Kornmutter von Ehrenburg = marianische Gnadenstätte in Südtirol 98
Kräuterweihe = Kräutersegnung 96, 97
Kranawitt = Wacholder 150

kreuzwehig = Kreuzschmerzen verursachende Arbeit 91
Krippeleschaug'n = die einzelnen Hauskrippen von Hof zu Hof besichtigen 152
Krippenspiel 152
Kuchenmichl = Michaelibrot 110
Kufenstechen = Gailtaler Reiterbrauch 76
Kumpf = tragbarer und umhängbarer Wetzsteinbehälter 81, 82

Laabstroaf'n = Eschenlaub abstreifen 114
Lahna = Lawinen 45
Langes, Lanks = Frühjahr 71
Laßmonat = von Laß'n, in der Bedeutung von Aderlaß 11
Laurentius-Tränen = Sternschnuppen 96
Lazarett 149
Lazarus 149
Leach'n = Grenze eines Samenwurfs 38
Leck = Viehsalz 71
Lenzmonat = März 35
Leonhardidresch'n = taktmäßiges Peitschenknallen zum Dämonenvertreiben am Leonharditag 134
Leonhardifahrt und -ritt 134
Lichtbratl = festliches Nachtessen am Michaelitag 110, 112
Lichtmeßball = bäuerliche Tanzmusik zu Lichtmeß 28
Lichtmeß mach'n = Dienst aufsagen 28
Liebfrauenfaderl = herbstliche Spinnwebfäden in der Luft 123
Löss'ln = das Los befragen, Zukunft ergründen 15, 150
Lohndrusch = Lohndrescherei 117
Loretto-Kloster 153
Lukastag 113
Luzia = die Leuchtende 149

Machlkammer = bäuerlicher Arbeits- und Bastelraum 14
Mahd'n strahn = das Gemähte lockern 82
Maibaum 66, 67
Maibrauchtum 66
Maibutter = Speise aus Schlagobers 76
Maisch = gemahlener Hafer und Gerste 71
Mankeifett = Murmeltierfett 100
Manndlkalender = alter Bild- und Zeichenkalender für des Lesens Unkundige 15
Marenkult = Seelenkult 109
Margarethe 87, 88
Mariä Empfängnis 149

Mariä Heimsuchung 86
Mariä Himmelfahrt 96, 97, 98
Mariä Lichtmeß 27
Mariä Schnee 95
Mariä Verkündigung 43
Mariazell 98
Marienblatt = Frauenminze 106
Marienseide 123
Markustag 58
Marterbrote = Kultgebäck zum Karfreitag; wurde dem Vieh gegeben 52
Martinigans 136
Martinikrapfen = krallenförmiges Kultgebäck zum Martinitag 136
Martinisegen 136
Martinitrunk = Erstlingsopfer des heurigen Weines 136
Marzipan 58
Matthias, Matheis 32
Maxlanmarkt 122
Michaeli 110, 112
Michaelibrot = Kultgebäck 110
Michaelidonner = späte Herbstgewitter 110
Michaeliwind = Gut-Wetter-Wind 110
Milchmessen = ein gekerbtes Langholz in den Melkeimer einstellen 85
Mischtstroafer = Strauch- oder Dornenegge 46
Mistbroat'n = Stallmist auf den Feldern gleichmäßig verteilen (ausbreiten) 13
Mistführ'n = Stallmist auf die Felder fahren 13
mistig = mit Mist verschmutzte Tiere 113
Mistklock'n = Mistzerkleinern 46
Misthatsch'n = Schleifgerät für Mist 24
Mistkratt'n = Mistfuhrwerk 14
Mitlasgert'n = Martinsgerte, Hirtenrute 127
Mitterband = Verbindungsstück am Dreschflegel 117
Mittwinterzeit 144, 145
Mus'ln = grob gehacktes Holz 12
Muttertag 68

Nachtgunkel = Herbstzeitlose 105
Neun-Tage-Butter 63
Nöb = kleine Stange 104
Nonen = bei den alten Römern der 5., im März, Mai, Juli und Oktober aber der 7. Monatstag 20
Nordleute = bestimmte Wallfahrergruppe beim Vierbergelauf 61

Nornen = Schicksalsfrauen 108
Notburga-Graberde 106

Oanhanggn = Eberwurz 86
Oarpeck'n = Eierpecken, Spitz auf Spitz schlagen 56
ochng'walgt = heruntergerollt 93
Odilo 131
Ostarun = althochdeutsch Ostern 54
Osterei 54, 55, 56
Osterhase 56
Ostermonat = April 48
Ostern 54
Osterritt 56
Osterspiele 56

Palmesel 48, 49, 50
Palmsonntag 48
Pankraz 65, 67
Panzer = Platz der aufgezogenen Schießscheiben 124
Paradeisl = alpenländisches Weihnachtsgesteck 151
Paradeisspiele 151
Pauli Bekehrung = volkstümlich die Wintermitte 22
Peitschenkrachen = Pfingstschnalzen mit Geißeln 76
Perchta 145
Perchtenlauf 145, 146, 147
Peter und Paul 80
Petri Stuhlfeier 31
Pferdebenediktion 134
Pfingsten 75, 76
Pfingstumziehen 75
Pflug 35, 36
Plagheilige = z. B. Fabian, Sebastian 21
Poas'n = Flachsbündel 128
Plejaden 124
Plenkel = mit Eisen verkappter Schwengel des Dreschflegels 117
plösch'n = ausschlagen 128
Plöschstuhl = Gerät zum Ausschlagen von Hafer-, Roggen- und Weizengarben 127, 128
Prachmanoth = mhd. Brachmonat (Juni) 71
Prangerschützen = Schützen, die das Allerheiligste begleiten 77
Prangertag = Fronleichnamstag 76
Pratti = „Praktik"; alte Bezeichnung für Haus- und Volkskalender 15

Radecker Prangerschützen = Weihnachtsschützen im Salzburger Land 156
Raggler = Heugerüst 83
Ratscherbuben = Buben ziehen mit Hand- oder Kastenratschen am Gründonnerstag und Karfreitag durch die Dörfer und Märkte 51
Rauchnächte = die Nächte von Thomas bis Dreikönig-Vorabend 150
Rauhnächte 145
Raumen = Wegräumen von Tschurtsch'n (Tannenzapfen) und Reisig auf den Feldern 63, 74
Rebenschädlinge 88
Rendl = Kreisel, Pumpenbohrer 13
Reuten 21
Ribiselen = Johannisbeeren 91
Ringzaun 64
Roafheiz'n = Rauchmachen in den Nächten der Eisheiligentage 68
Roafmesser = Holzmesser 14
Roas = Reise, Fahrt, Wanderung 113
Roaserin = mit dem Spinnrad zu verschiedenen Höfen gehendes Mädchen 142
Roasgeh'n = mit dem Spinnrad zu verschiedenen Anwesen losziehen 140
Rocken = Teil des Spinnrades 140
Roneisen = Eisenstück beim Dengelstock 81
Rorate = Engelamt 144
Rumpelnacht = Thomasnacht 150

Sachsenspiegel = bedeutendstes deutsches Rechtsbuch des Mittelalters 87
Säen 38
Salzburger Nonnberg 154
Samsonumzug 95
Sangenbüschl = Kräuterbüschel (zum Versengen) 96
St. Ägydius 105
St. Andreas 137, 138
St. Barbara 144
St. Bartholomäus 99, 100
St. Christophorus 89, 90
St. Eligius 144
St. Gallus 122
St. Hubertus 134
St. Katharina 137
St. Koloman 122
St. Laurentius 95
St. Leonhard 134, 135
St. Martin 135, 136, 137
St. Michael 108, 109, 110

St. Nikolaus 148
St.-Oswalds-Tag 95
St. Raphael 123
St. Rochus 99
St. Stephanus 156
St. Thomas 149, 150
St. Ulrich 86
St. Urban 70
St. Ursula 123
St. Vitus (Veit) 78
St. Wolfgang 125
Sauzuck'n = Schwein aus dem Stall ziehen 140
Schabmach'n = Strohbündel anfertigen 128
Schaltjahr 30, 31
Schalttag 30, 31
Schauerkreuz = Kreuz zur Hagelabwehr 95
Schickbua = jüngster Knecht 82
Schilcherland = steirisches Weingebiet 98
Schlachtig'n = Hausschlachten 139
Schloaf'n = Gleitstangen des Bergwagerls 104
Schmotz = Klotz oder Stumpf 81
schneeboaz'n = schneebeißen 101
Schnealuck'n = Mulde, in die der Bergwind viel Schnee hineinweht 65
Schneid = Sensenschneide 82
Schneidfeder = Spielhahnfeder 102
Schneidspäne = Späne für das Herdfeuer auf der Alm 102
Schnoat'ln = schneiteln 72
schnoat'n = hacken 72
Schoat'n = Holzabfälle 63
Schöberl = halbdürres Heu zu verschieden großen Häufchen rechen 82
Schön- und Schiachperchten = hübsche und häßliche Perchtenfiguren 145, 147
schoppen = hineinstopfen 120
Schott'n = Topfen 93
Schrattl = Kobold (siehe Zeichnung von Schrattgatterl) 49
Schröpfen = alte Heilmethode 20
schrick'n = schrecken 13
Schützenmahl 124, 125
Schützenmusik 124
Schwarzbeeren = Heidelbeeren 91
Schwarzer Sonntag = fünfter Sonntag in der Passionszeit 43
Schwenden 21

Schwendtag 21
Schwinden = volkstümliche alte Krankheit 100
Schwoagerin = Sennerin, Almerin, Brendlerin 101, 103

Sebastian = Volksheiliger 21
Sechter = Melkbehälter mit einem Griff 85
Seelenbrote = Gebildbrote 131
Seidelbast 41
Sieben- oder Neunkräutlsuppe = Gründonnerstag-Fastenspeise 51
Siebenschläfertag 86, 87
Simon- und Judastag 124
Sitzweil = Zeit zum Sitzenbleiben 104
Soal = Seil 93
Sonnwendbusch'n = kleine Blumensträuße 79
Sonnwendfeuer 78

Spanhobel 12
Spanscheiter = für Kienspäne geeignete Holzscheiter 12
Spelt'n = gespaltenes Zaunholz 12, 14
Sperrtatz'n = eiserne Bremsen am Schlitten 12
Spiegelpercht = Kappenpercht mit Spiegel und Schmuckstücken 146
Spinnen 11
Spinnstub'n 140, 141, 142

Stachel = Armbrust und stachelbewehrter Bolzen 124
Stachelschießen 124, 125
Stangger = Heugerüst 83
Steinamanger 136
Stephanitag 157
Steffelsgroschen = Opfergabe 157
Sternsinger 18
Sterzinger Spiel 152
Sterzinger Wandlungsjodler = Andachtsjodler 156
Steyrer Kripperl 153
Stoa ei'gschwaart = mit Steinen beschwert 114
Stoaklaub'n = Steineklauben auf Feldern 63
Stock machen = zurückbleibende Traubenreste in der Kelter ausquetschen 116
Strah = Stallstreu, Einstreu 72, 113
Straharbet = Bereitung von Stallstreu 71
Streicher = Wetzstahl 82
Strickzeug 143
Stundhalt'n = eine Stunde pausieren 74

Tannenbaum 150, 151
Tennbruck'n = Tennenauffahrt 81
Terminalien = Festtag für den römischen Gott Terminus 31
Teufelsmasken 146
Theresientag 114
Thing = Gerichtstag 110, 118
Thomasnacht = bedeutende Los- und Orakelnacht 150
Tock'n = Form der Garbenaufstellung 92
Todaustragen = als Schreckgestalt verkleidete Strohpuppe wird auf einer Wiese eingegraben oder im Frühlingsfeuer verbrannt 42, 43
Tresterer = Pinzgauer Schönperchten mit Kulttanz 147, 148
Trist'n = zu einem mächtigen Stock angehäuftes Astwerk 72
Troad = Getreide 92
Troadbarr'n = Getreidebarren 128
Troadkasten = Getreidekasten 128
Tucknägel = Holznägel ohne Köpfe 14
Türk'n = Mais 140
Turmkapp'n = Holzgestelle (bei den Perchtenumzügen) in Form von Fischreusen 146

Über die Gräber läuten = Glockenläuten während der Gräbersegnung an Allerheiligen 132
Ulrichspflaster = altes Badermittel 86
Umadum-Stall = altartiger Stall, in dem das Vieh frei in den Boxen herumlaufen kann 94
Umgang = Fronleichnamsprozession 77
unrib'ln = zerreiben 46
Unschuldige-Kinder-Tag 157
Unser Frauen in der Saat = Mariä Geburt 105
Urbansplag' = Gicht 70

Valentin 30
Verhohlener Frauentag = Mariä Empfängnis 149
Verschlachtnagelen = Holznägel mit kleinem Kopf (zum Verschlagen) 14
Verworfener Tag = Unglücks- oder schwarzer Tag 20
Viehscheid = Almabtrieb im Allgäu 102
Vieh- und Krämermarkt 130
Vierbergelauf 58, 59, 60, 61
Vierberger = Wallfahrer beim Vierbergelauf 58, 59, 60, 61
Vierzig-Ritter-Tag = Wetterlostag 41
Vorpflug 36, 37
Vorreiterl des Weihnachtsfestes 153
vorrump'ln = mit der Egge vor dem Säen über den Acker darüberfahren 37

Walgei = Osterei 55
Walpurgisnacht 61
Warp = Stiel der Sense 82
Wasserloata = Wasserleiter 45
Wassern = tränken 139
Wasservogel 75
Weidemonat = bäuerliche Bezeichnung für den Monat Mai 63
Weinbeergoaß = mit Trauben behängtes Gestell mit geschnitztem Ziegenkopf 119
Weinheilige 88
Weinlese in der Steiermark 114, 115
Weinmonat = Oktober 113
Werg = der beim Hecheln zurückbleibende Abfall von Flachs oder Hanf 11
Wetterfeuer 86
Wetterkerze 28
Wiener Hundesegen 137
Wildes Gjaid = dämonenhaftes Gefolge Wodans 149
Wimmen = Weinlese in Südtirol 114
Wimmschüssel = runde Holzschüssel mit Holzstiel 114
Windumemanoth = aus dem lateinischen Vindemia (Weinlese) 113
Winnemanoth = mhd. Wonnemonat 63
Winter-Johanni 157
Wintersonnenwende 150
Winterunholdinnen = Freia, Perchta, Frau Holle 149
Winzerhütte 115
Winzerkrone = Erntekrone 119
Woaz = Weizen 92
Wolfgangihackl = Amulett 125
Wolfs- oder Wintermonat = November 127
Wurzweihtag = Tag der Kräuterweihe (15. August) 96

Zachäus wach'lt = die Kirchweihfahne weht vom Turm 123
Zäunen = Zaunmachen 63
Zapfenmanndl = koboldhafte Gestalt beim Perchtenlauf 146
Zaunholzkliab'n = Zaunholz spalten 14
zuawaziag'n = herziehen 92
Zumme = großes Holzgefäß (beim Wimmen) 114
Zwölften = Zwölftagekreis; altkirchliche Einteilung der Weihnachtszeit 150

Andere „Spezialitäten" in Tyrolia-Büchern

Dietmar Assmann
Heiliger Florian, bitte für uns!
168 Seiten, 16 Farbbilder, 27 Illustrationen im Text, bedruckter Vorsatz, lam. Pp.
Das Buch enthält ein „Inventarium" aller Heiligen und Seligen Österreichs und Südtirols, aber auch eine Zusammenfassung der hierzulande verehrten volkstümlichen Heiligen, die aus anderen Gebieten stammen. Die Besonderheit liegt aber in der lebendigen Darstellung jedes Heiligenlebens in seinem zeitlosen Bezug zur Volksfrömmigkeit, zu Kult und Brauchtum und zur volkstümlichen Ikonographie. In einem vielfältigen Illustrationsteil wird der Ausdrucksreichtum religiöser Volkskunst sichtbar (Hinterglasbilder, bemalter Hausrat, Votivtafeln, Andenkenbildchen usw.).

Maria Drewes/Otto Kostenzer
Tiroler Küche
208 Seiten, 16 Farbbilder, bedruckter Vorsatz, lam. Pp.
Ein Spezialitätenkochbuch mit 450 Rezepten und einer kleinen Kulturgeschichte der Tiroler Küche.
Alle Tiroler National- und Leibgerichte – sie erfreuen sich immer größerer Beliebtheit – sind in diesem Erfolgsbuch enthalten. Die „Tiroler Küche", nunmehr bereits in 3., verbesserter Auflage, wurde von der Gastronomischen Akademie Deutschlands preisgekrönt.

Hans Fink
Lachn tat i
Südtiroler Humor
180 Textseiten, 8 Farbbilder, lam. Pp.
Hans Fink will mit dieser Auslese von erfragten und erlebten Anekdoten aus Südtirol ein Lächeln des Verstehens oder Schmunzelns, des Sich-Erinnerns beim Leser hervorrufen, auch ein befreiendes Lachen, das ja für Leib und Seele sehr gesund ist.

So lacht Tirol
Herausgegeben von Paul Bergmeister und Franz Daxböck
176 Seiten, 10 Zeichnungen, bedruckter Vorsatz, lam. Pp.
„... eine literarische Breitseite auf die Lachmuskeln der Leser. Man trifft auf Verse, die man nur noch bruchstückhaft wußte und schriftlich nirgends mehr fand, und für fröhliche Runden fehlt es nun nicht mehr an Nachschub. Ein herzhaft heiteres Buch..." (Dolomiten, Bozen)

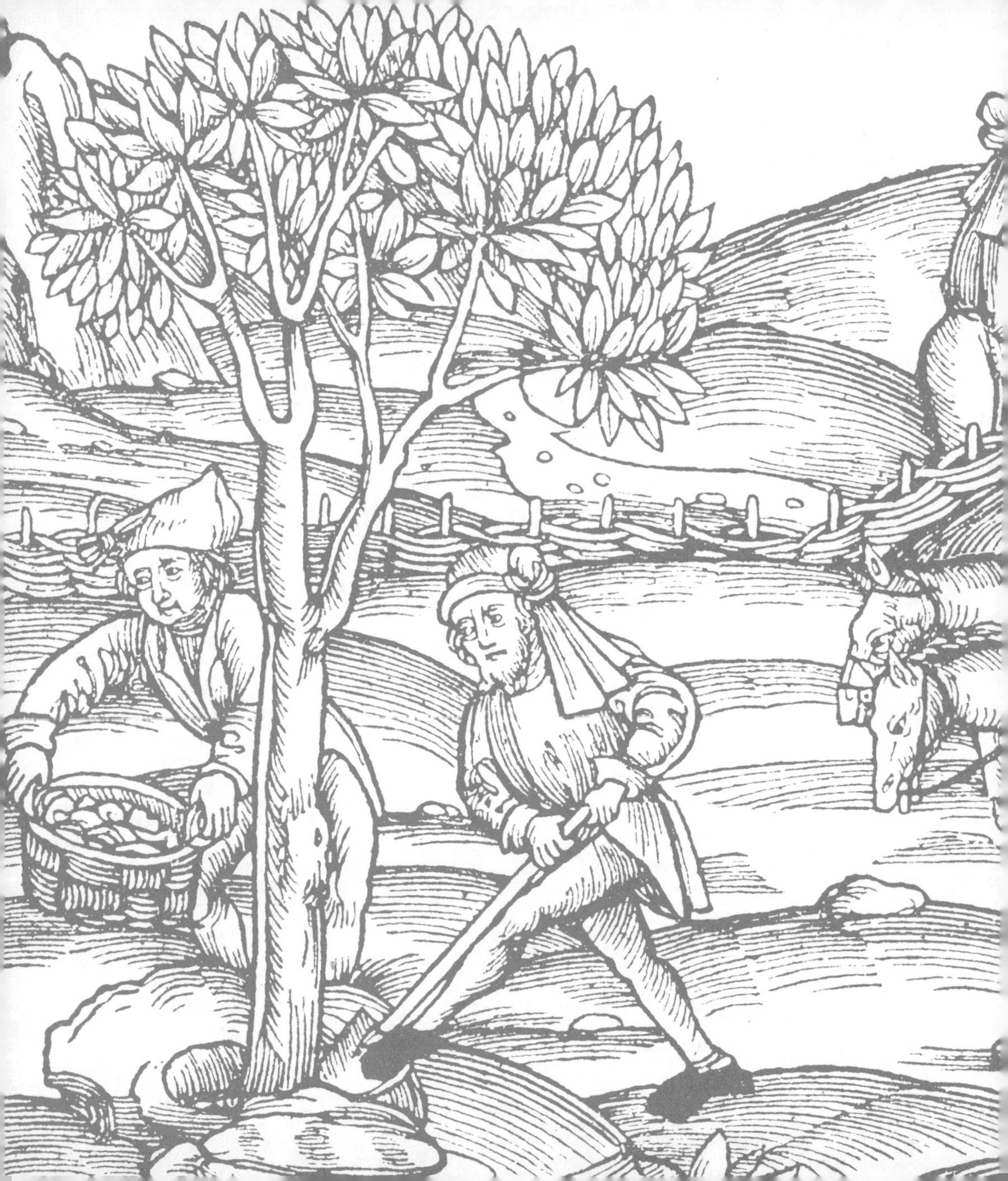